보통의 분노

KB192198

우리는 왜 사소한 일에도 쉽게 화를 낼까?

김병후 지음

애플북스

분노는 사랑과 동전의 앞과 뒤 같은 관계다.

분노가 없다면 사랑에 의해 만들어진 관계도 유지될 수 없다.

추천사

30년간 수많은 상담을 통해 분노를 탐구해 온 김병후 원장이 관계의 관점에서 분노를 새롭게 해석했다. 분노는 인간의 생존을 위해 없어서는 안 될 핵심 감정이지만, 친밀할수록 의무와 권리를 무한대로 확대해 적용하기에 남용의 여지 역시 크다. 배우자나 자녀처럼 가장 사랑하는 대상에게 가장 강하게, 자주 화를 내는 이유가 여기 있었다.

한편 어른들에 의해 '놀이'를 빼앗긴 아이들의 분노를 단순한 일탈이 아닌 '공적 분노'로 다뤄야 할 사회 현상으로 보는 시각은 날카롭다. 사회를 살아가는 데 필요한 지혜와 협동력, 갈등 조정 능력은 성장 과정에서 놀이를 통해 자연스럽게 습득해야 하는데, 경쟁하기 바쁜 현대의 아이들은 이 고급 기술을 익힐 기회를 박탈당했다. 분노의 남용, 놀이와 전인교육의 절실함을 상기시키는 이 책이 오늘을 사는 모든 세대에게 귀한 지침이 되길 바란다.

함익병 피부과 전문의

매주 한 번씩 20년 가까이 방송에서 만난 김병후 선생님은 매달 한 편 이상 새로운 논문을 읽으며 인상적인 이야기를 했습니다. 이런 분이 20년 넘게 연구해 온 주제, 저절로 신뢰감이 듭니다. 왜 화를 내는지 원인을 알면 해법도 찾아낼 수 있겠지요.

놀랍게도 관계를 맺는 순간 화가 시작되고, 가까운 사이일수록 더 자주 화를 낸다네요. 생애 주기별로 우리는 분노를 한다고 합니다. 분노를 제대로 알면 긍정적인 에너지로 바꿀 수 있다고 합니다. 화를 잘 다스리면 자신을 성장시키는 에너지가 될 수 있고, 분노를 교정하면 그 관계는 사랑으로 바뀔 수도 있답니다. 당신도 나도 이 책을 읽고 화를 다스리며 편안한 삶을 누리길 바랍니다. **이금희** 방송인

30여 년 전 방송 패널로 김병후 선생님과 인연을 맺은 후 항상 경외심을 갖게 됩니다. 환자를 바라보는 따뜻한 시선, 냉철하지만 부드러운 치유 과정, 무엇보다 의사로서의 소명의식이 한결같습니다. 선생님이 분노를 주제로 오랜만에 책을 낸다고 했을 때 이 골치 아픈 감정에 어떤 처방을 내릴지 궁금했는데, 정당한 권리를 보장받도록 반려견에게 화내는 법을 가르쳤다는 대목을 읽고 과연 그답다는 생각을 했습니다. 자녀와 부부 사이, 타인과의 관계라고 다를 게 있을까요? 표현하지 않으면 알 수 없기에, 정교한 소통을 위한 신호로서 우리도 제대로 분노하는 법을 익혀야겠습니다. 부정적인 정서를 존중받아 행복하게 살았던 꽁이처럼, 화의 기능을 다룰 줄 아는 성숙한 인간이 되기 위해 꼭 읽어야 할 선물 같은 책입니다. **유인경** 방송인

우리 시대를 대표하는 정신건강의학과 전문의 김병후 선생님이 분노를 제대로 분석했다. 화가 난 사람들이 많은 요즘 시의적절한 책이다. 특히 "대부분의 분노는 자신이 공정하다는 착각에서 비롯된다" "분노를 세련되게 표현할 줄 알아야 한다" "내 분노가 객관성을 가질 때 상대를 설득할 수 있고, 상대의 분노를 존중할 때 관계는 멋지게 회복된다"는 가르침이 가슴에 닿는다. 분노를 억누르고 부정하기만 할 게 아니라, 직시하고 이해할 때 분노의 대상과 이전보다 훨씬 성숙하고 진척된 관계를 열어갈 수 있음도 우리가 주목해야 할 부분이다. 화가 많아 고민인 이들에게 이 책을 꼭 추천하고 싶다. **홍혜걸** 의학채널 <비온뒤> 대표

분노는 우리 삶에
어떤 의미가 있을까?

2002년 부부 상담을 시작했다. 정신건강의학과 외래 진료를 하며 부부 갈등을 많이 다루었지만, 상담소를 개설하면서 갈등 있는 부부들을 본격적으로 만나기 시작한 것이다. 그러면서 '부부는 가장 사랑하는 사이인데 왜 그토록 상대에게 화가 나 있을까?' 하는 의문이 들었다. 이는 나에게도 적용되는 문제였다. 아내는 나에게 자주 화를 냈고, 나는 많은 화를 참고 살았었다.

그 후 '분노'는 나에게 연구 대상이었다. 분노와 화는 인간사에 있어서 중요한 주제였지만, 알려진 사실들은 과학적으로 와닿지 않았다. 화를 잘못된 감정으로 보는 관점, 억제해야 하며 소멸해야 하는 대상이라는 주장, 성숙한 인간은 화를 내지 말아야 한다는 인식 등은 보통 사람이 실천하기 어려운 내용이었다.

분노에 대한 생각을 정리해 나가는 동시에, 분노만큼 중요한 관심사였던 '사랑'을 주제로 책을 쓰기 시작했다. 사랑도 분노만큼이나 과학적 자료를 찾기 어려웠다. 사랑과 애착 호르몬의 존재, 사랑하는 사람을 생각할 때 활성화되는 뇌 부위를 촬영한 영상 정도가 전부였다. 이를 토대로 구성한 '사랑의 정체'는 '나와 타인의 관계에서의 소통'이었다. 책 제목은 《너》로 정했다.

그러면서 분노도 자연스럽게 정체를 드러냈는데, 분노는 '사랑'과 동전의 앞과 뒤 같은 관계였다. 즉 분노가 없다면 사랑에 의해 만들어진 관계가 유지될 수 없었다. 이후 나에게 분노는 있어선 안 될 존재가 아니라 있어야만 하는 존재가 되었고, 상담에서 분노에 대한 내용이 나오면 해결의 실마리를 잡은 듯 반가웠다.

문제는 분노 자체가 아니라, 분노가 어떻게 의식의 통제를 벗어나 부정적으로 행동화되느냐였다. 분노의 결과로 나타나는 폭력이 인간의 삶을 어떻게 파괴하는지는 매스컴은 물론이고 인류의 역사를 통해 잘 알려져 있다. 분노를 어떻게 다루어야 할 것인가? 그것이 인간의 삶에 결정적인 결과를 가져온다.

하지만 우리는 모두 분노에 대해 충분히 이해하지 못한 채 살아가고 있다.

편집부에서는 내용이 다소 학술적이라 어렵다고 걱정했지만, 내 생각은 다르다. 누구나 알아야 할 기본 상식에 가까운데도 그동안 감정을 과학적 용어로 설명하지 않았기에 생소하게 느낄 뿐이다. 내용도 전혀 어렵지 않다. 그런 방향으로 생각해 보지 않았기에 익숙하지 않은 것뿐이다.

상담하거나 강연하며 청중을 만날 때 느끼는 것이 있다. 삶에 '사랑'이 그렇게 중요함에도 사랑을 과학적으로 이해하는 사람은 거의 없다는 것이다. '분노' 역시 인간의 삶에 흔하고 중요함에도 그 역할을 아는 사람은 거의 없다. 분노에 압도되고 희생당하는 사람이 그렇게 많은데도 우리는 분노에 대해 정말로 모른다.

인간을 고통스럽게 하는 분노는 의식에서 피해야 하는 주제가 아니다. 더 친숙하게 들여다보고 원인을 찾아서, 분노가 인간 사회에 얼마나 긍정적 영향을 주는지를 알아야 한다. 예컨대 파렴치범에 대해 우리는 모두 참을 수 없이 분노하며, 그 분노가 그와 같은 행위를 자제시킨다. 이를 어떻게 설명해야 할까? 정당한 '분노'라면 파괴 행위를 규제해 사회를 건전하게 유지하는 기능을 하지 않을까?

목차

제1장   **생활 속에 흔한 화**

관계에서 출현하는 화,
관계 속에서 화의 역할은 무엇일까?

제4장 **분노의 기원과 실체**

우리가 느끼는 화는
어떻게 만들어졌을까?

제8장 **분노의 바른 사용법**

분노를 어떻게
다뤄야 할까?

어느 집이나 매일 똑같은 이유로 충돌하는 생활 속의 행동들이 있다. 벗은 양말을 세탁기에 넣어라, 방을 어지럽히지 마라, 일찍 일어나라, 술 마시지 마라, 일찍 들어와라, 냉장고에 음식이 상할 때까지 두지 마라……. 부모 자식 관계나 부부 사이에서, 허락받지 않고 왜 자기 옷을 입었느냐고 충돌하는 자매 사이에서 이와 비슷한 문제로 매일 충돌이 일어나곤 한다.

이렇듯 화는 관계에서 나타난다. 그것도 대체로 친밀한 관계일 때 말이다. 가족 내에서나 직장에서, 즉 같이 살거나 협조하면서 일하는 사이처럼 가까운 관계에서 생겨난다. 왜 그럴까? 화를 내는 당사자뿐 아니라 그 대상이 되는 사람도 고통스러운데, 인간 삶에 이렇게 빈번하게 화가 출현해야 하는 이유는 무엇일까?

제1장

생활 속에 흔한 화

관계에서 출현하는 화,
관계 속에서 화의 역할은 무엇일까?

평범한 일상에서 끊임없이 나타나는 분노들

좀 더 자도 되는데 엄마는 늘 깨워 달라는 시간보다 일찍 깨운다. 아침밥을 먹지 않는 것을 알면서도 굳이 차려 놓고는 먹지 않는다고 기분 나쁘게 말한다. 왜 매일 아침 똑같은 일을 반복해야 하는지 모르겠다. 조금만 더 누워 있으려다가 깜빡 잠이 든 바람에 서둘러 출근 준비를 하려는데, 오늘따라 욕실에 먼저 들어간 동생이 샤워를 끝낼 줄 모른다.

버스가 늦게 오는 것도 짜증 난다. 비좁은 버스에 올라탔는데, 승객들이 비켜 주지 않아 간신히 자리를 잡고 선다. 앞 좌석

승객이 일어나자 어느새 아주머니 한 분이 냉큼 자리에 앉는다. 지하철로 갈아타니 여대생 차림의 여성이 친구와 소란스럽게 통화를 한다. 왜 다른 사람의 입장은 생각하지 않는 걸까?

간신히 지각을 면해 회사에 도착했다. 각 부서의 업무를 보고하는 회의 시간, 우리 부서 실적이 맨 꼴찌다. 부장의 표정이 좋지 않다. 내 잘못은 아니다. 보고 부서 담당자에게 우리 부서 사정상 늦게 보낼 보충 자료가 있으니 꼭 실적에 포함시켜 보고해 달라고 분명히 전달했지만, 그러지 않은 것이다. 회의 후 팀장은 내 얘기는 듣지도 않고 사람들 앞에서 난리를 친다.

보고 부서 담당자에게 항의하니 자신이 전날 퇴근 전에 정리할 때까지 보충 자료가 도착하지 않았다는 것이다. 지난주에 우리 부서가 보고했을 때는 회의 당일 아침에도 그쪽 부서의 자료를 취합해서 반영했다는 것을 그도 안다. 그때는 고맙다는 인사까지 했으면서 입장이 바뀌니 완전 딴사람처럼 군다. 최소한 미안하다는 말이라도 할 줄 알았는데, 어쩜 이럴 수 있을까?

팀장은 화나면 해도 될 말 안 될 말을 가리지 않는다. 자기 일을 시킬 때는 온갖 친한 척을 하더니, 이런 상황에서는 완전히 안면몰수다. 섭섭한 사람은 또 있다. 어제 내가 자료 제출하는 걸 옆에서 보았던 동료도 입을 꼭 다물고만 있다.

저녁에는 회식 아닌 회식에 참석해야 한다. 팀장 혼자 떠들고 우린 듣기만 해야 하는 자리다. 술 좋아하는 팀장은 자기처

럼 마시길 강요하고, 자기가 좋아하는 음식점만 줄곧 간다. 질리
지도 않는 건지 지난달부터는 계속 닭갈비 집만 간다.

간신히 빠져나와 집으로 가는 길, 술 취한 사람들이 어깨를
툭툭 치고 간다. 지하철에서는 은퇴했을 나이의 아저씨들 몇이
시끄럽게 정치 얘기를 하고 있다. 이어폰을 끼고 뉴스를 본다.
소득 격차가 더 벌어졌다는 뉴스도, 똑같은 정치인들끼리 서로
를 비난하는 모습도, 수비만 하다가 져 버린 축구 국가대표 소
식도 재미없다.

엄마는 술 먹고 들어왔다고 잔소리를 늘어놓더니 혼자된 큰
누나 아들 대학 등록금을 보태 주라고 한다. 여유가 없어 대출
을 받아야 한다는 걸 뻔히 알기에 미안해하기는 한다. 이러다
결혼도 포기해야 할지 모른다.

매일 비슷한 일이 반복되는 이 삶에 짜증이 난다. 팀장도 동
료들도 엄마도 달라질 가능성이 없다. 그렇다고 회사를 박차고
나올 수도 없다. 그나마 나는 직장을 잡았지만, 일이 없는 친구
들은 지금도 부모에게 구박받고 살고 있단다. 왜 이렇게 짜증
나는 삶을 견디며 살고 있는지 모르겠다. 그러고 보니 온종일
화가 나 있었던 것 같다. 언제까지 이렇게 살아야 할까?

화는 왜 나는 것일까?

엄마가 일찍 깨우는 것도, 먹지 않는 아침밥을 먹으라고 잔소리하는 것도 아들을 위한 행동이다. 아침밥을 먹지 않아서 아들 건강에 이상이 생기면 어쩌나 하는 걱정과 함께, 아침밥을 준비하지 않으면 엄마 역할을 다하지 못한 것 같은 자책의 마음도 있다.

어느 집이나 매일 똑같은 이유로 충돌하는 생활 속의 행동들이 있다. 벗은 양말을 세탁기에 넣어라, 방을 어지럽히지 마라, 일찍 일어나라, 술 마시지 마라, 일찍 들어와라, 냉장고에 음식이 상할 때까지 두지 마라…… . 부모 자식 관계나 부부 사이에서, 허락받지 않고 왜 자기 옷을 입었느냐고 충돌하는 자매 사이에서 이와 비슷한 문제로 매일 충돌이 일어나곤 한다.

이렇듯 화는 관계에서 나타난다. 그것도 대체로 친밀한 관계일 때 말이다. 가족 내에서나 직장에서, 즉 같이 살거나 협조하면서 일하는 사이처럼 가까운 관계에서 생겨난다. 왜 그럴까? 화를 내는 당사자뿐 아니라 그 대상이 되는 사람도 고통스러운데, 인간 삶에 이렇게 빈번하게 화가 출현해야 하는 이유는 무엇일까?

교통사고가 나면 무조건 화부터 내고 보는 사람이 많다. 운전 중에는 평소보다 더 화를 낸다. 위급한 상황에서 관계가 형성되기 때문이다. 모르는 사람이나 관계가 없을 때는 화내지 않지만, 관계가 맺어지면 화가 출현할 가능성이 커진다. 부딪힐 뻔한 운전자는 격앙된 어조로 화를 낸다. 위험의 관계가 급속으로 맺어졌기 때문이다.

화는 어떤 조건에 의해 관계가 형성되었을 때 나오게 된다. 그런데 대부분 이유도 모른 채 불쑥 화를 내고 만다. 자동으로 화가 출현하기 때문이다. 관계가 형성되는 동시에 만들어지는 화의 예를 통해 화를 추적해 보자. 관계와 화 사이에는 어떤 연관성이 있다. 관계가 형성되는 순간 화가 만들어질 가능성도 생긴다. 따라서 화가 관계에서 갖는 역할이 있을 것이다. 그것은 과연 무엇일까?

분노의 정체 : 자신은 공정하다는 착각

화를 내는 사람도 받는 대상도 고통스럽다. 화났다는 것은 극도의 스트레스 자극을 받았다는 것이고, 화의 대상이 되는 것만큼 삶에서 힘든 순간도 없기 때문이다. 우리는 너무나 자주 '왜 이렇게 나를 화나게 하는 일이 많지?'라고 생각하며 자신을 화나게 하는 것에 몰두하곤 한다.

하지만 반대로 화의 대상이 될 때는 무척 당황한다. 다른 사람을 화나게 할 의도는 전혀 없었기 때문이다. 인간은 누구나 객관적이고 공정하게 행동하며 남을 화나게 할 행동은 하지 않는다고 생각한다. 그래서 상대가 화낼 때, 초기에는 상대의 화를 받아내지 못한다. 자신은 공정했다고 생각하기 때문이다.

우리는 타인의 행동에 무척 민감하다. 그래서 짐짓 '저 사람은 왜 나를 엿 먹이고 열 받게 하지?'라는 생각을 하곤 한다. 이는 화를 내는 주체로서의 나는 옳지만, 화의 대상이 되는 나는 상대의 화를 쉽게 받아들이지 못한다는 것을 보여 준다. 이것이 화가 풀리지 않는 이유 중 하나다. 내 화의 정당성과 달리 상대의 정당성은 받아들이지 않는 것이다.

희한하게도 사랑하는 관계에서 분노가 제일 많이 발생한다. 가장 강하게 분출되는 것이 부부 관계이고 그다음이 부모 자식 관계이다. 이 두 관계는 삶에서 가장 중요하며, 개인의 행복을 결정한다고 해도 과언이 아니다. 화가 많은 부모 밑에서 어린 시절을 보낸 사람들은 안다. 부모의 화가 자신을 얼마나 눈치 보게 하고 고통스럽게 했는지를. 깊은 관계일수록 분노는 커지고 자주 일어난다. 관계가 멀어지면 충돌도 분노도 줄어든다. 관계가 분노에 있어서 결정적 역할을 한다는 의미다.

분노는 마음에서 발생하지만 행동으로 표현된다. 정서적으로 표현되어 얼굴 표정이 굳거나 일그러지고, 말투는 쌀쌀맞거나 공격적이 된다. 욕설이나 비꼬는 말이 폭력으로 이어지고 극단적으로는 상대를 살상하는 행위로까지 연결될 수 있다.

분노는 친밀하지 않은 관계에서도 형성된다. 관계가 갑자기 형성되면 순식간에 분노의 대상이 될 수 있다. 이를 통해 인간의 분노가 어떻게 만들어지고 행동화하는지를 알아보자. 관계가 형성되는 요건은 무엇이며, 이때 분노는 어떻게 작동될까?

관계가 형성되는 순간 서로는 화의 대상이 된다

❋ 교통사고

교통사고가 일어나면 두 사람은 순간적으로 강력한 관계를 맺게 된다. 사고까지는 아니더라도 차선을 막거나 위험하게 추월한 순간에도 일시적으로 강력한 관계가 형성된다. 이후 두 사람은 상대의 반응에 따라 극도로 예민하게 반응하면서 강렬한 분노 행위를 할 수 있다.

문명사회에서 타인에게 욕설을 듣는 일은 흔치 않지만, 운전 중에는 생전 들어보지 못한 욕설을 들을 수 있다. 위급한 상황을 초래할 수 있었기 때문이기도 하지만, 자동차라는 거대 외피에 숨어 마음껏 감정을 발산하는 것이다. 점잖던 사람도 사고가 나면 화부터 내곤 한다. 관계가 만들어지지 않았다면, 분노도 없을 것이다.

☼ 폭력 조직과 연루된 대출

요즘 같은 세상에 빚 안 지고 살기는 어렵다. 가까운 사람들끼리 빌리고 빌려주다가 사이가 멀어지는 일도 흔하다. 은행과 거래하면 안전하지만, 서민들은 그마저도 여의치 않아 제2, 제3금융권을 이용하기도 한다.

이때 빚을 갚지 못한다면 상대는 화낼 정당한 근거를 갖게 된다. 빚을 갚지 못하는 것은 대표적 불공정 행위이기 때문이다. 정상적인 금융권이면 법 테두리 안에서 공정하게 잘못의 대가를 요구하겠지만, 정상적이지 않은 기관이라면 대가를 요구하는 과정에서 분노를 동반한 불법적인 방법이 동원될 수 있다. 돈이 관여된 강력한 관계가 형성되기 때문에, 빚을 갚지 않는 불공정한 행위에 분노가 정당한 것처럼 남용되는 것이다.

알다시피 이런 일에는 대체로 폭력 조직이 연루된다. 그들은 당당하고 집요하게 협박하고, 사생활 침해나 물리적인 폭력도 서슴없이 저지른다. 빚진 사람의 인격은 보장되지 않는다. 빚만 지지 않았다면 겪지 않았을 온갖 모욕과 수모를 당하기도 한다. 이는 모두 불법 행위지만, 이에 관여하는 사람들은 빚진 사람이 항의할 수 없는 것처럼 상황을 끌어간다. 금전을 매개로 강력한 관계가 형성된 이후이기 때문이다.

☀ 스토커

여성은 원하지 않는데 혼자 사랑에 빠져 쫓아다니는 남자가 있다. 집으로 찾아오는가 하면, 따라다니면서 구애를 하기도 한다. 남녀가 사랑에 빠지는 과정에서 있을 수 있는 일이지만, 분명하게 거절 의사를 밝혔는데도 지속한다면 폭력적 행동이다. 이를 '스토킹'이라 한다.

이때 중요한 것은 스토커와 관계가 형성되는 것도, 관계가 유지되는 것도 조심해야 한다는 사실이다. 여기에서 말한 관계에는 거절도 포함된다. 감정을 드러내며 화를 내거나 달래는 것 모두 상대는 관계가 형성된 것으로 받아들일 수 있기 때문이다. 그러므로 항의하거나 상대를 설득하거나 공격하는 행위는 피해야 한다. 대신 사생활 침해 등의 행위는 공권력의 도움으로 해결해야 한다.

스토커의 목적은 스토킹 대상과 어떻게든 관계를 맺는 것이다. 이때 관계는 성적인 것만 의미하지 않는다. 비성적(非性的)인 것을 포함하여 부정적인 관계도 맺기 원한다. 스토커는 상대가 자신을 극단적으로 미워한다 해도 이를 관계가 형성된 것으로 간주한다. 직접 만나서 하는 항의도, 상대를 달래려는 노력도 하지 않아야 하는 이유다.

상대가 반응하지 않으면 스토커는 시간이 지날수록 관계가 만들어지지 않았음을 무의식적으로 받아들이고, 스토킹 강도도 점점 약해진다. 인간은 결과가 따르지 않는 일에 에너지를 소비하지 않기 때문이다.

하지만 긍정적이든 부정적이든 관계가 형성되면, 스토커는 마치 연인이라도 된 것처럼 행동하기 시작한다. 그러다 접근을 막으면 자신을 무시하는 것으로 받아들여 관계에서 상처받았음을 격렬한 분노로 표현한다. 스토커는 현실을 왜곡해서 인식하므로 극단적인 행위를 저지를 수도 있다. 무의식에서 스토킹 대상과 얼마나 깊은 관계를 맺은 것으로 간주하느냐에 따라 분노의 정도가 결정된다. 그래서 스토커가 접촉을 시도하는 초기에 관계가 형성되지 않게 하는 것이 무엇보다 중요하다.

순간적으로 형성되는 관계에서의 분노

길을 걷다가 누군가와 어깨를 부딪친 경험이 있을 것이다. 이때 그냥 지나치면 아무 일도 일어나지 않겠지만, 한쪽이 항의하고 다른 한쪽이 이를 부당하게 여겨 화로 반응하면 큰 싸움으로 번질 수 있다. 순간적으로 관계가 형성되기 때문이다.

서로 모르던 사람 사이에 순간적으로 관계가 형성되면, 그 관계에서 태도의 공정성이 문제를 일으킨다. 사람은 누구나 억울한 대접을 받지 말아야 한다고 생각하기 때문이다. 한쪽에서

가벼운 목례로 사과하면 문제가 없지만, 험악한 인상을 지으면 결과는 달라질 수 있다. 그 상황에서 사과하는 것을 굴복하는 것처럼 느껴 부정적인 반응을 보이는 사람도 있지만, 많은 사람들이 충돌을 피하기 위해 사과하고 자리를 뜬다. 그러면 관계도 마침표를 찍고 상황은 종결된다.

반면 이런 상황에 강한 피해의식을 느끼는 사람도 있다. 부딪친 사람이 사과하지 않으면 참지 말아야 한다고 생각하는 남성이 있었다. 그는 비슷한 상황이 벌어지면 강하게 반응해 자주 싸움이 벌어졌다. 상대가 고등학생이든 군인이든 나이 든 중년이든 가리지 않았고, 주먹다짐으로 번지는 경우도 많았다.

그에게도 나름의 이유가 있었다. 중고등학생 때 싸움 거는 친구를 피했다가 심하게 폭행당한 경험이 큰 상처로 남은 것이다. 그래서 해병대에 자원 입대했고, 무례한 사람은 그냥 두지 않겠다고 다짐했다. 그러지 않으면 남성으로서 자존심이 상한 듯 행동했다. 그도 이런 사고가 자신이나 타인에게 해가 된다는 걸 알고 있었지만 멈출 수 없었다. 문제는 그의 생각이 강박적 성향에서 비롯된다는 것이었다. 피하면 안 된다는 강박이었다.

긍정적인 관계에서도 생겨나는 화

좋은 관계에서도 분노가 형성될 수 있다. 도움받은 사람이 도움을 베푼 사람에게 불만을 품고 폭력적인 언행을 하는 경우가 그 예다. 여유로운 삶을 위해 귀농한 부부가 있었다. 마음 여린 부인이 동네에 떠돌아다니는 남자에게 선뜻 거주할 공간을 내주었고, 남자가 집안일을 돕자 소정의 월급까지 주었다. 문제는 그가 이웃과 충돌을 일으킨 후 생겼다.

이웃에게 박하게 할 필요가 없으니 그러지 말도록 부탁했지만, 남자는 알겠다고 하고는 계속 마찰을 빚었다. 결국 부부는 남자에게 같이 지낼 수 없음을 통보했고, 남자는 그 집을 떠났다. 몇 달 후 남자가 다시 돌아오고 싶어 했지만, 부부는 받아들이지 않았다. 그 후로도 여러 차례 거절당하자 남자는 거칠게 행동하기 시작했다.

남자를 통제할 수 없던 부부는 경찰의 도움을 요청했지만 부부를 찾아와 행패 부리는 일이 반복되었다. 그는 시간이 갈수록 고마워했던 태도는 온데간데없고 철천지원수가 된 것처럼 부부를 원망하고 공격적인 태도를 취하는 지경에 이르렀다. 집 없는 사람을 몇 년간 거두어 사람 구실 하게 해 주었는데 이럴 수 있느냐며 부부는 억울해했다.

자신에게 잘해 준 사람에게도 이처럼 참을 수 없는 분노가 생기는 이유는 무엇일까? 관계가 형성되었기 때문이다. 도움받는 관계라도 일단 관계가 형성되면 친밀감이 생겨난다. 그러면 관계에 있어 새로운 의무와 권리가 마음에 형성된다. 부부는 도움을 주었던 초기 관계에 머물러 있었지만, 남자는 가까운 사이가 된 만큼의 권리가 생긴 것이다.

이웃과 충돌 후 남자는 자신보다 이웃을 선택한 부부에게 섭섭함을 느꼈다. 혼자 살아온 남자는 관계 맺는 데 서툴렀고, 관계에 따라 거리를 유지해야 한다는 걸 알지 못했다. 그래서 억울했고 이를 알아 주지 않는 부부에게 강한 분노를 느낀 것이다. 선행을 주고받은 사람들에게서 흔하게 볼 수 있는 현상이다.

사회적 객관성을 확보하지 못하는 화

"올 한해 외출을 삼가려고 해요. 사람들과의 충돌을 막기 위해서요. 자극 주는 사람들을 보면 참을 수 없거든요. 버스에서 발을 떠는 사람을 보면 왜 그런 행동으로 남을 자극하는지 모르겠어요. 식당 옆자리에서 음식을 먹으면서 소리를 내는 사람에게도 화가 나요. 그 쩝쩝거리는 소리를 참기 힘들어요."

어느 내담자의 말이다. 소리 내어 먹는다고 부모가 자식을 지적할 수는 있다. 그러나 누가 식당에서 그런다고 주변 사람이 탓할 수는 없는 노릇이다. 본인도 자신이 꼭 옳다고 생각하지는 않지만, 그런 자극을 받으면 치미는 분노를 참지 못하겠다는 것이다.

'화'는 사회적 감정이라서 상대가 그 타당성을 인정하면 문제가 되지 않는다. 설령 상대는 받아들이지 않더라도, 주변인들이 화낼 만하다고 인정한다면 사회적 객관성을 확보해 정당하게 여겨진다. 하지만 상대와 주변인 누구도 인정하지 않는다면 그 분노와 그에 따른 행위는 용인되지 않는다. 사람들은 어느 정도 이 과정을 무의식적으로 예상하고 점검한 후 화를 내는데, 이 과정이 제대로 작동되지 않으면 사회에 적응하기 어렵다. 이처럼 객관성 없고 이해할 수 없는 화는 대부분 개인적인 상처에서 비롯된다.

2007년 4월 어느 날 미국 버지니아 공대를 다니던 한국인 조승희는 기숙사와 강의실을 돌아다니며 교수와 학생들을 사살했다. 32명이 사망하고 29명이 부상을 당했는데, 이 중 28명이 머리에 총상을 입었다. 그는 어린 시절 미국으로 갔지만 영어를 잘 못해 중학생 때부터 따돌림을 당해왔다고 한다. 자신에게 준 더러운 것들을 총탄으로 돌려준다는 글을 NBC 방송사에 보낸 후 범행을 저질렀다.

미국을 포함해 많은 선진국에서 총기 난사로 인한 대량 살상 행위가 심심찮게 언론에 보도되곤 한다. 인간은 왜 이런 행위를 하는 것일까? 범인은 범행 후 생존하기를 바랐는지 모르지만, 대부분은 현장에서 사살된다. 이해하기 어렵지만, 이런 일을 자행하는 목적 중 하나는 가능한 한 많은 사람을 살상하는 것이다.

자신도 죽는 그 순간 많은 사람의 생명을 앗아가는 것이 도대체 무슨 의미가 있을까? 그 숫자가 주는 의미가 있을까? 오직 인간만이 이런 행위를 하는 이유는 무엇일까? 대량 살상을 저지른 범죄자들은 공통적으로 과거 다른 인간에게 상처받은 경험이 있다. 부모든 주변인이든 타인과의 관계에서 보통 사람의 경험을 초월하는 아픔을 겪은 경우가 대부분이다.

제 2 장

폭력으로 실현되는 분노, 그 조건

죽음과 파멸에 이르게 하는
파괴 욕망은 인간의 본능일까?

분노조절장애의 이면

화낼 이유가 없는 상황에서 화를 내고 쉽게 폭력으로 이어지며, 이를 제어하지 못한다면 분노조절장애라고 할 수 있다. 분노조절장애는 정신건강의학과 진단명은 아니지만, 흔하게 사용되는 용어이다. 스스로 분노조절장애라고 생각하는 경우도 있고, 본인은 인정하지 않지만 가족이나 주변 사람들이 그렇게 생각하는 경우도 있다.

분노는 흔한 감정이다. 그러나 사소한 자극에 병적으로 분노하거나, 습관적으로 폭력을 사용해 자신과 가족의 삶에 고통을 준다면 분노조절장애다. 분노조절장애는 두 부류로 나눌 수 있다. 원인을 제거하면 치유될 수 있는 경우와 원인을 제거할 수 없어 교정 불가능한 경우다. 반사회적 성격장애처럼 성격적인 결함은 원인을 제거할 수 없지만, 대부분의 경우인 정서적인 이유라면 교정될 수 있다.

한 사례를 보자. 남편은 술에 취하면 도를 넘는다. 아내의 갈비뼈에 금이 간 건 이번이 처음이 아니다. 아무리 빌고 사과해도 남편의 급발진을 당해 낼 도리가 없다. 발길질하고 핸드폰을 던지고 의자로 텔레비전을 부순 적도 있다. 남편은 다음 날 술이 깬 뒤에 싹싹 빌지만 아내는 믿을 수 없다.

남편도 평소에는 좋은 사람이다. 사회적으로 성공했고 평판도 좋다. 장인 장모를 위해 집을 사 주고, 처남 사업도 지원해 주는 등 처가에 여러모로 신경을 쓰고 있다. 그렇다고 부인에게 문제가 있는 것도 아니다. 교회에 열심히 나가며 신앙생활하고, 사치를 부리거나 남편에게 바라는 게 많지도 않았다.

하지만 속을 들여다보면 또 다르다. 뭐든 못하는 게 없는 남편은 겉으론 불만이 없는 척해도 부인이 하는 일들이 마음에 차지 않았다. 그래서 요리도 와이셔츠 다림질도 본인이 직접 해 버렸다. 그러다 보니 부인이 남편을 위해 하는 일이 많지 않았다.

남편은 결혼 전부터 아내를 어린아이 취급했다. 집안이 어려워 대학을 그만두려던 아내를 위해 아르바이트를 해 학비와 용돈까지 대 주었다. 자신을 위해서는 돈을 잘 쓰지 않는 남편을 아내는 좋은 사람이라 생각했지만, 연애할 때도 이유 없는 화를 낸 문제가 되곤 했다.

부인도 돈을 펑펑 쓰는 편은 아니지만 교회를 위해서는 주저하지 않았다. 특별 헌금과 여러 교인들의 청을 부탁할 때마다 남편은 다 들어주었다. 그런데도 부인은 고마워하지 않았다. 가끔 터져 나오는 남편의 화 때문이었다. 얼마 전 교회 신축을 위한 거액의 특별 헌금도 남편이 내 주었다. 그러나 정작 남편 회사에 중요 행사가 있던 날 부인은 참석하지 않았다. 이유를 묻자 부인은 교회가 더 중요하고, 신앙이 없었으면 자신은 살 수 없었을 거라고 대답했다.

시어머니는 형인 장남만 위했다. 형이 결혼하지 않았다는 이유로 둘의 결혼도 반대했었는데, 마지못해 허락했을 때도 형보다 먼저 아이를 낳으면 안 된다는 조건을 붙였다. 그런 어머니에게 남편은 늘 최선을 다했다.

아내의 일을 자기가 해 버리는 것도 이유가 있었다. 뭐든 남에게 시키는 아버지 때문에 고생하는 어머니를 보고 자랐기 때문이다. 뭐든 다 해 주는 자신보다 신앙생활이 우선인 부인이나, 말썽 피우는 형을 자신보다 더 위하는 어머니나 다를 게 없었다. 어머니에게 당했으면서 아내와도 유사한 관계를 맺어 온 자신이 절망적인 분노를 만든 것이다.

분노조절장애는 특별한 질환이 아닐 수 있다. 분노가 왜 만들어지는지 모르는 것도, 스스로 분노의 원인을 만들면서 상대에게 문제가 있다고 단정적으로 해석한 결과일 수 있다. 그러면 그 원인을 찾을 수 없다. 위의 예처럼 사회적 기능이 있는 사람에게 분노조절장애가 나타났다면, 성격적인 결함보다는 자신이 분노의 원인이라는 사실을 모르는 데서 초래된 것으로 볼 수 있다.

분노조절장애의 원인은 다양하다. 어린 시절 당한 폭력의 상처 때문일 수도 있고, 착한 심성 때문에 자신을 지키지 못하고 양보하며 살면서 분노가 축적되었을 수도 있다. 성폭력의 희생자였을 수도, 친구들로부터 극심한 왕따를 경험했을 수도 있다. 타인에게 지나치게 잘해 주다가 분노조절장애 행동을 하는 경우도 있다. 그 행위는 받아들일 수 없을지라도 원인은 이해해야 한다.

저성장한 사회에서 벌어지는 습관적인 폭력

한 후배 이야기를 하려 한다. 쉽게 공격적인 태도를 보이던 후배가 의과대학 3학년 때 사적인 술자리에서 기초 교실 조교인 선배에게 대들었다. 아무도 술 취한 상태의 후배를 건드리지 못했다. 며칠 후 4학년 과대표였던 나는 그 후배를 데려오라는 연락을 받고 함께 선배의 실험실로 갔다. 선배는 후배를 때리기 시작했다.

일방적인 폭력이 멈춘 뒤 실험실에서 나와 후배를 살피니 허벅지가 말이 아니었다. 맞은 곳의 피부가 손상되고 말았다. 지금은 있을 수 없는 일이지만, 당시 외과 계열 전공의들 사이에서는 구타가 일상처럼 벌어졌다. 그렇더라도 그날의 구타는 선후배 사이의 위계질서를 바로 세우기 위한 행위로 보기에는 지나쳤다.

그때만 해도 술 취해 폭력을 행사하는 일이 빈번했다. 지금처럼 발전된 사회가 아니었고 불안정했던 시기라, 어디든 술 먹는 사람들이 넘쳐났다. 후배는 술에 취하면 눈에 보이는 것이 없었지만 우리는 친형제처럼 몰려다녔다. 만남은 의대 의료 봉사를 하면서 시작되었다. 기숙사 사감인 선배, 철없는 2학년 후배, 듬직하지만 싸움꾼인 3학년 후배, 문예반인 슬픈 표정의 2학년 여학생 후배까지 우리 다섯 명은 자주 어울렸다. 학년은 다르지만 함께 기숙사 생활을 하는 탓에 매일 붙어 다녔고, 그렇게 관계는 깊어졌다.

2학년 후배는 누구라도 사감 선배에게 예의에 벗어난 행동을 하면 마구 대들었다. 난감해하던 우리가 그러지 말기를 당부

했지만, 후배는 거듭 문제를 일으켰다. 어느 날 기숙사 근처 식당에서 밥을 먹는데 학부생인 아이스하키 선수들이 들어왔다. 그런데 2학년 후배가 선수들에게 떠든다며 시비를 거는 것이다. 한 명이 거칠게 반응하자 3학년 후배가 갑자기 일어나 공격했고 식당 안은 난장판이 되었다. 2학년 후배가 문제를 만들고, 3학년 후배가 싸움을 일으키는 게 일상적인 일이 되어 버렸다.

몇 년이 흐른 뒤 3학년 후배가 결혼을 했다. 근처에서 식사를 마치고 신혼집 구경이나 할 겸 잠깐 들렀는데, 신랑이 우리를 그냥 보낼 수 없다며 한사코 놓아 주지를 않았다. 그런데 새 신부가 후배를 불러 대화를 하는가 싶더니, 갑자기 후배가 안방 문을 부수기 시작했다. 선배들을 안방에 재워야 하는데 신부가 말을 듣지 않는다는 것이 이유였다. 난처한 상황에 선배가 무릎을 꿇고 제발 폭력을 그치고 우리를 보내 달라고 빌어서 간신히 그 집을 나왔다.

당시에는 분노할 상황이 아닌데도 폭력적인 행동을 하는 사람들이 많았다. 배우자 폭력, 가정 폭력, 그리고 동네마다 흔했던 주취 폭력, 그 밖의 폭력들이 난무했다. 분노가 원인이 되어 폭력적인 행동이 나온다기보다는, 폭력 행위가 너무 쉽게 발현되는 저발전 사회였기 때문이다.

우리 사회 다양한 폭력의 양상

☼ 가정 내 폭력

가정 내 폭력은 지난 30년간 한국 사회에서 눈에 띄게 줄었다. 가정의 문제에서 사회의 문제로 보는 인식 전환이 이루어졌기 때문이다. 법 제정이 이뤄진 것은 1990년대 후반부터다. 이후 폭력 문제에 대한 심각성을 인식하고 법적 규제가 늘어나면서 배우자 폭력, 자녀들에 대한 폭력, 이웃에 대한 폭력, 주취 폭력뿐 아니라, 조직폭력배에 의한 폭력도 크게 줄어들었다.

하지만 아직도 폭력으로 고통받는 사람들이 많다. 청소년들 사이에서 벌어지는 왕따 문제, 잊을 만하면 터지는 '묻지 마 폭력' 등은 심각한 사회 문제로 부각되고 있다. 그래도 가장 많이 일어나는 것은 가정 내 폭력이다. 갈등은 모든 관계에서 생기기 마련이지만, 가까운 관계일수록 심해진다. 여기에 폭력적 행위가 더해지면 가정 폭력, 배우자 폭력이 되는 것이다.

법 제정 전에는 술만 취하면 살림살이를 다 때려 부수는 주취 폭력이 거의 매일 일어나는 집도 있었다. 이유 없이 화를 내고 아무것도 아닌 일로 폭력을 일삼았다. 가족들은 어쩔 수 없이 그 순간이 지나가기를 바라며 뜬눈으로 밤을 지새곤 했다.

술 취하지 않아도 아버지들은 폭력을 쉽게 행사했다. 부부 싸움을 하다가 감정이 격해지면 물리적인 힘의 우위를 점한 남성들은 한순간 주먹을 휘둘러서 아내의 눈 주위에 멍이 들게 했다. 당시 공권력은 가정사에 관여할 수 없는 분위기여서 경찰에 신고해도 도움을 받을 수 없었다.

사회가 발전함에 따라 가정 폭력의 심각성을 해결하고자 가정폭력범죄의 처벌 등에 관한 특례법(이하 '가정폭력처벌법')이 제정되었다. 이후 가정 폭력은 거짓말처럼 줄어들었다. 하지만 초기에는 '때렸다'고 가장을 경찰에 신고하는 부도덕한(?) 여자가 어디 있느냐는 시어머니도 많았고, 신고한 가족을 절대로 용서할 수 없다고 가해자가 적반하장으로 난리 치는 일도 많았다. 출동한 경찰이 단호하게 법을 집행하지 못하는 일도 비일비재했다.

시간이 지나 제도가 안정화되고 경찰의 법 집행이 이뤄지면서 배우자 폭력은 한국 사회에서 절대 용납해선 안 되는 행위로 간주되었다. 여자를 때리는 남자와는 이혼하는 것이 당연하다는 인식이 보편화되었지만, 아직도 폭력 남편 때문에 고통받는 여성들이 존재한다. 이유는 무엇일까? 그런 행위를 해도 가해자가 손해를 입지 않기 때문이다. 배우자들이 피해를 당하고도 법적으로 해결하지 않기 때문이다.

화가 나는 이유야 많을 것이다. 정당한 이유를 가진 분노도 있다. 그래도 폭력은 문명사회에서 용납되지 않으며, 강력한 공권력의 제재를 받는다. 다른 사람을 폭행하면 이유를 불문하고 처벌받는다. 폭행당한 사람이 공권력에 신고하기 때문이다. 그래서 아무리 화가 나고 억울한 일을 당해도 폭력을 사용하지 못한다.

가정 폭력이 계속되는 이유는 간단하다. 폭력 행위를 알리기를 꺼리기 때문이다. 가족을 어떻게 신고할 수 있느냐는 사고에 머물러 있다면, 가정폭력처벌법이 제정되기 이전의 한국 사회에 사는 것과 다를 바가 없다. 그러나 아무런 해가 없다 해도 배우자에게 폭력을 행사하는 것만큼 비겁한 행동은 없다.

배우자 폭력으로 부부 상담을 받으면 치료자에 따라 폭력은 치료될 수 없으니 이혼하라는 권유를 받기도 한다. 하지만 이는 잘못된 것이다. 배우자 폭력도 치유될 수 있다. 단, 조건이 있다. 폭력은 반드시 신고해야 한다는 것을 부부 양쪽이 받아들여야 한다.

독실한 신앙인이고 주변 평판도 좋은 A 씨가 가정 폭력으로 상담을 받았다. 별것 아닌 일에도 폭력을 휘두르는 것이 문제였다. 여행 가는 중에 부인이 사소한 잔소리를 하자 왜 화나게 하냐며 말싸움이 시작된다. 그러다 갑자기 부인의 얼굴을 가격한다. 사소한 말다툼이 한순간에 폭력으로 바뀌는 일이 흔하게 일어났다.

이런 부부도 있었다. 남편은 평소에는 지나칠 정도로 잘하는데, 사소한 다툼이 폭행으로 이어지곤 했다. 고위 공무원인 남편은 정치적인 야심이 있는데도 폭력을 멈추지 못했다. 부인은 마지막 수단으로 상담소를 찾아왔다. 부인은 남편을 신고한 적이 있었지만, 고위직 남편이 처벌받을까 봐 고소를 취하해 주었다. 이후로 아들의 앞날을 망치려 하느냐고 화내는 시어머니, 그 정도 일로 감히 가장인 자신을 신고할 수 있느냐고 난리 치는 남편 탓에 신고할 엄두도 낼 수 없었다고 한다.

남편은 냉정하고 매사에 불만이 많은 아내 탓이라고 했지만, 아내가 그렇게 된 것도 남편 때문이었다. 연애 시절부터 느닷없이 화를 내는 남편에게 아내는 냉랭해질 수밖에 없었다. 남편은 용돈을 모아 부인에게 선물하고, 바쁜 중에도 가족과 함께 지낼 시간을 만드는 남자였다. 하지만 그렇게 잘하다가도 사소한 일에 불같이 화를 내고는 폭력 행위를 하는 게 문제였다.

애정이 식은 부인과 달리, 남편은 부인을 여전히 사랑하고 있었다. 하지만 폭력이 부인을 얼마나 망가뜨렸는지 모른 채 자신은 부인을 위해 살아왔는데 억울하게 만드니 분노할 수밖에 없었다고 말했다. 불공정한 관계라는 것이다. 그러나 설사 불공정한 관계라 해도 폭력은 정당화될 수 없다.

폭력 상담에서 제일 우선하는 일은 분노의 원인을 찾고 교정하는 것이 아니라, 어떤 분노도 폭력화되지 못하게 차단하는 것이다. 그 처방은 어려운 것이 아니다. 폭력이 발생하면 당연히 신고해야 하는 것임을 부부가 받아들여야 향후 상담을 진행할 수 있다고 알렸다. 남편은 당황스러워했으나 곧 받아들였다.

어떤 상황에서도 폭력은 정당화될 수 없음을 받아들인 후 남편은 차라리 편안해했다. 부인 역시 고함치거나 물건을 던지는 행위조차 폭력 행위에 포함된다는 사실을 알고 난 뒤 더는 불안해하지 않았다. 이후 남편이 분노하는 원인을 분석했다. 자신을 지키지 못하면서 타인에게 잘하는 것이 문제였다. 이러한 부부 문제는 신고 원칙이 지켜진 후에 본격적으로 다루게 되는데, 의외로 성공적인 경우가 많다.

☀ 같은 사회 구성원을 향한 대량 살상 행위

2007년 4월 어느 날 미국 버지니아 공대를 다니던 한국인 조승희는 기숙사와 강의실을 돌아다니며 교수와 학생들을 사살했다. 32명이 사망하고 29명이 부상을 당했는데, 이 중 28명이 머리에 총상을 입었다. 그는 어린 시절 미국으로 갔지만 영어를 잘 못해 중학생 때부터 따돌림을 당해 왔다고 한다. 자신에게 준 더러운 것들을 총탄으로 돌려준다는 글을 NBC 방송사에 보낸 후 범행을 저질렀다.

미국을 포함해 많은 선진국에서 총기 난사로 인한 대량 살상 행위가 심심찮게 언론에 보도되곤 한다. 인간은 왜 이런 행위를 하는 것일까? 빔인은 범행 후 생존하기를 바랐는지 모르지만, 대부분은 현장에서 사살된다. 이해하기 어렵지만, 이런 일을 자행하는 목적 중 하나는 가능한 한 많은 사람을 살상하는 것이다.

자신도 죽는 그 순간 많은 사람의 생명을 앗아가는 것이 도대체 무슨 의미가 있을까? 그 숫자가 주는 의미가 있을까? 오직 인간만이 이런 행위를 하는 이유는 무엇일까? 대량 살상을 저지른 범죄자들은 공통적으로 과거 다른 인간에게 상처받은 경험이 있다. 부모든 주변인이든 타인과의 관계에서 보통 사람의 경험을 초월하는 아픔을 겪은 경우가 대부분이다.

불공정한 대접에 대한 분노가 장기간 축적되고, 상쇄할 수 있는 긍정적 인간관계를 형성하지 못한 결과다. 인간 내면에는 이처럼 극단적인 분노에 의한 폭력적 살상 행위를 할 가능성이 내재해 있다. 이들은 오랫동안 이런 행위를 계획하고 준비한다. 말없이 조용하게 살던 사람이 범행을 저질렀다는 사실에 주변인들이 놀라는 경우도 많다.

이해할 수 없는 것은 직접 자신에게 아픔을 준 사람들만을 범행 대상으로 삼는 것이 아니라는 사실이다. 과거에 자신이 다녔던 학교에 찾아가 현재 다니는 학생들을 대상으로 하거나, 아동 시설의 어린이들을 대상으로 범행을 저지르기도 한다. 자신과 직접 연관이 없는 무고한 시민들을 가능한 한 많이 살해하겠다는 의도를 어떻게 설명할 수 있을까?

☀ 조현병 환자의 묻지 마 폭력

강남역 사건을 비롯해 최근 벌어진 묻지 마 폭력 또는 살인 사건의 가해자가 조현병 환자인 경우가 있다. 앞서 대량 살상 행위의 가해자들이 과거의 상처로 인해 축적된 분노로 계획적인 범죄를 저질렀다면, 조현병 환자들의 행위는 무엇이 다를까? 이들의 경우는 피해망상이나 환청 같은 증상이 치료를 중단한 상태에서 악화돼 충동적으로 폭력적 행위를 유발한다.

조현병 환자들의 강력 범죄 행위는 일반인에 비해 빈도가 높지 않다. 그런데 그 행위가 일반적이지 않기 때문에 매스컴의 주목을 받다 보니 빈도가 높은 것처럼 여겨진다. 피해망상과 환청에 의해 범죄를 저지르다 보니 엽기적이기까지 하다. 들리는 목소리가 살해하라고 했다거나, 처음 만난 상대가 자신에게 극단적 피해를 줄 거로 오인하는 피해망상의 결과 그런 행위를 하고 만다.

이러한 행위는 조현병을 앓고 있으면서도 환자가 치료받은 적이 없거나, 치료를 받다가 중단한 경우에 발생한다. 환자는 극도로 예민한 상태다. 사건 전 극도의 불면을 겪거나, 증상으로 인한 정신병적 불안 상태에 있다. 극도의 예민과 불안은 심리적 안정성을 해쳐 판단력에 심한 손상을 입히고, 망상이 정신을 지배해 누군가 자신의 생명을 앗아갈 것이란 공포 속에 살게 된다.

누군가가 사람을 시켜 자신을 미행하고 있으며, 자신에게 피해를 입히는 사람이 가족일 수도 있다는 망상에 사로잡힌다. 불특정한 악의 인물이 그런 행위를 사주한다는 생각에 지배당하기도 한다. 죽음의 공포에 시달리다가 한계에 다다르면, 더는 도저히 당하고 살 수 없다는 생각에 이른다. 그리고 급기야 자신을 해치려는 대상에게 생존을 위해 대항하고, 그동안 당해 왔던 가상의 공격에 복수하기로 마음먹는다.

조현병의 증상 중 하나가 현실 검증 능력과 판단력 손상이다. 그러면 객관성을 잃고 현실성을 벗어난 사고를 하게 된다. 누군가가 내 생명을 위협하기에, 그에 상응하는 조치를 해야 하는 것이다. 주변 사람 누구도 이런 자신의 위험한 처지를 들어 주지 않으니 모두 자신을 해치려는 자와 내통하고 있는 것으로 간주하고, 아무도 믿을 수 없는 상태가 된다.

그래서 가족도, 공권력인 경찰도, 심지어 자신을 치료하는 의료진도 믿지 못한다. 경찰에 신고했다가 자신의 망상에 의한 진술을 현실성이 없다고 들어 주지 않으면 그들이 매수되었다고 생각한다. 의료진 역시 거짓으로 자신을 정신병자로 만들고 입원시키려 한다고 의심한다. 결국 믿을 사람이 없으니 자신을 보호하고 극한 위험 상태를 벗어나기 위해 목숨 걸고 대항해야 한다고 생각한다.

이런 상태에서는 불면이 지속되어 극도의 흥분 상태가 된다. 아무도 믿을 사람이 없기에 자신의 생각과 일치하는 말을 하는 환청의 목소리를 믿고 전적으로 의지하게 된다. 환청이 절대적 존재가 되는 것이다. 환청은 극단적인 감정 상태의 환자에게 이렇게 명령한다. '저 사람이다. 살기 위해서 공격하라.' 그 결과 아무 연관이 없는 시민들이 희생자가 될 수 있다.

☀ 피해망상으로 인한 폭력의 예

피해망상의 위험을 보여주는 예가 있다. 개원한 지 얼마 안 되었을 때 일이다. 한 환자가 순순히 입원했는데, 자신이 해코지당할지도 모른다는 망상으로 커터 칼을 소지한 것이다. 입원 과정에서 소지품 검사를 했지만 칼을 발견하지 못했다. 그 병원을 원래 운영했던 원장이 부탁한 환자로, 입원 경력이 있고 경제적으로 어려운 데다 당장 입원이 필요한 상태였다.

당일 퇴근 후 사건이 벌어졌다. 저녁 9시경 병동에서 급한 전화가 왔다. 저녁 식사 후 휴식 시간에 환자가 갑자기 중학교 2학년 여학생 환자에게 칼을 휘둘러 경동맥 근처에 상처를 낸 것이다. 다행히 경동맥을 비껴가서 생명에는 지장이 없었다. 옆에 있던 당직 간호사는 환자를 보호하다가 안경이 파손되고 손에 좌상을 입었다. 직원 몇 명도 상처를 입었다.

어떻게 칼을 소지하고 입원했는지 이해할 수 없었는데 알고 보니 형이 준 것이었다. 피해망상이 있는 환자가 입원을 앞두고 보호자인 형에게 소지품 검사 후 커터 칼을 달라고 부탁한 것이다. 환자 소지품에 칼은 분명히 없었다. 설마 보호자가 칼을 건네줄 거라고는 아무도 생각하지 못했다. 형도 동생처럼 이전 원장에게 망상 장애로 같이 치료를 받았다는 사실을 나중에야 알았다.

사전에 사실을 알았다 해도 사고를 막기 어려웠을 것이다. 형의 권유로 입원하면서 입원 조건으로 칼을 부탁하고 형도 이에 동조한 것은, 형제가 피해망상을 공유하면서 병이 있다는 사실을 인정도 하고 있다는 사실을 알려 준다. 35년 전 정신 병동의 환경이 그만큼 환자들에게 위협적이었기 때문일 수도 있다. 환자들은 피해받고 있다는 망상에 사로잡혀 방어적으로 폭력을 사용한다.

피해망상은 내성적이고 마음 여린 사람들이 상처를 해소하지 못해 발병한다. 망상과 환청은 그들이 속한 환상의 세계가 자신을 위협한다고 믿게 해 자폐적인 세계에 빠지게 하고, 사람들을 멀리하게 만든다. 치료받으면 극심한 고통에서 벗어날 수 있지만, 그렇지 못하면 그 고통스러운 세계에 머물러 살게 된다.

☀ 무모하고 잔인한 전쟁들

2023년 10월, 하마스는 수천 발의 로켓 포화와 더불어 이스라엘을 공격했다. 이즈음 이스라엘이 전보다 활발한 외교를 펼쳐 많은 국가와 관계를 정상화하면서 중동 지역에 평화 분위기가 고조되고 있었다. 하마스도 전과 달리 이스라엘과 큰 충돌 없이 지내오던 상태였다. 그러나 유대교 안식일을 틈타 돌연 하마스는 국경 철책을 파괴하고 오토바이와 패러글라이더 등 무장 병력을 하늘과 땅에 침투시켜 무자비한 살상 행위를 저질렀다.

하마스는 이스라엘 정규 수비 병력뿐 아니라 무고한 민간인을 사살하고, 행사 중인 음악 축제장에 침입해 외국인을 비롯해 민간인 230여 명을 인질로 끌고 갔다. 젊은 여성을 포함해 해당 지역 주민들을 무차별 폭행, 학살했고 음악 축제장에서만 260여 명의 시신이 발견됐다. 영유아 시신도 40구가 발견되었는데, 놀랍게도 일부 아기들은 참수된 상태였다.

하마스의 기습 공격은 전쟁이 아니라 야만적 분노에 근거한 대학살이었다. 하마스 대원이 이스라엘 민간인들이 대피한 지하 벙커에 수류탄을 던지는 모습이 찍힌 블랙박스도 공개되었다. 그 결과 이스라엘은 하마스에 대한 전쟁을 시작한다. 전범자들을 '걸어 다니는 죽은 자'로 만들기 위한 전쟁이었다. 하마스는 이스라엘의 적수가 되지 않는다. 그런데 어째서 이런 무모한 공격을 감행했을까?

러시아와 우크라이나의 전쟁도 참혹하다. 이 전쟁은 지도자의 야욕과 국가 이익을 위한 러시아 국민의 지지에 의해 발발했다. 인류가 과거 역사에서 행했던 전쟁과 유사했다. 하지만 하마스는 달랐다. 자신들의 이익과는 상관없이, 이스라엘 민족에 대한 복수 자체가 전쟁의 목적이 된 듯하다. 이스라엘인을 상대로 잔혹한 분노에 찬 핏빛 복수를 벌인 것이다.

이스라엘은 하마스를 제거하기 위해 가자 지구를 폭격해 가자 시티의 건물 75%를 파괴했다. 병원 건물 지하에 민간인을 인질로 삼는 하마스의 지하 시설이 있었고, 병원 직원들이 하마스 대원이었다는 사실도 보도되었다. 폭격으로 피난민이 머물러 있던 병원 건물은 폭파됐다. 사망자 대부분은 어린아이들이었고, 여자와 노인도 수만 명에 이르렀다. 가자 지구는 폐허가 되었다.

정치적 목적이 있더라도 인간은 어째서 이런 전쟁 행위를 벌이는 것일까? 2차 세계대전 당시 히틀러와 스탈린도 무자비한 잔혹 행위를 저질렀다. 히틀러는 유태인과 폴란드인, 러시아인을 살해했고, 스탈린은 볼셰비키 혁명의 성공을 위해 자국인들을 살해했다. 농민들을 농장에서 밀어내고 농산물을 갈취하는 과정에서 국민을 굶겨 죽이기도 했다. 이 두 지도자가 살해한 민간인은 수천만 명에 이른다.

세계 역사상 가장 잔인한 전쟁 중 하나가 히틀러가 소련을 침범하는 과정에서 벌어진 레닌그라드 전투이다. 놀랍게도 히틀러가 이 전쟁을 일으킨 목적은 레닌그라드라는 도시를 지구상에서 없애 버리는 것이었다. 그래서 외곽에 지뢰를 매설해 시민들이 도시를 빠져나와 투항하는 것도 허락하지 않았다. 이기는 것이 아니라 모두를 살해하는 것이 목적이었다.

그들의 목적은 공산 혁명을 한 레닌의 상징 도시인 레닌그라드를 없애는 것이었다. 유태인들이 주도한 볼셰비키 혁명과 그에 따른 정신을 말살해 소련 국민의 의지를 꺾으려 했다. 도시를 점령하고 모든 시민을 가둔 채 고삐를 조여 갔다. 전투는 무려 871일간 지속되었고, 모든 보급로를 끊은 상황에서 시민들은 잔인하게 굶어 죽어 갔다.

첫날 하루 공습만으로 시민 천여 명이 사망했다. 독일은 주민들을 굶겨 죽이기 위해 식량 저장소와 유류 저장소부터 공습했다. 1941년부터 1944년까지 이 도시에서만 백만 명이 사망했다. 먹을 것이 없는 시민들은 가죽 구두까지 끓여 먹었으며, 1941년에는 인육을 먹었다는 정부 문서가 발견되기도 했다. 도시를 탈환하려 반격하는 소련군에 대항하기 위해 독일은 여자, 아이 그리고 노인을 인간 방패로 삼았다. 그래서 소련군은 공격을 망설일 수밖에 없었는데, 이때 주춤하는 소련군에게 스탈린은 자국민의 희생을 감수하고 공격하라고 명령한다. 따르지 않고 머뭇대면 병사들을 사살하겠다고 했다. 산 채로 포로가 되는 것을 절대 용납하지 않겠다는 명령도 함께였다. 퇴각하면 아군에 의해 총살되고 투항하면 가족을 투옥한다는 것이었다. 스탈린의 아들도 예외가 아니었는데, 아들이 포로가 되자 며느리를 옥에 가뒀다.

이런 비인간적인 살육 행위를 하는 이유는 무엇일까? 전쟁 상황에서는 분노의 가장 잔인한 형태인 살인이 어째서 정당화되는 것일까? 과거 전쟁은 그렇다 하더라도 오늘날 전쟁에서 벌어지는 잔혹 행위는 어떻게 설명될 수 있을까? 초기 인류의 전쟁은 먹고 살기 위해서였고, 후에는 경제적 이익을 위해 세력과 영토를 넓히기 위해서였다. 그렇다면 지금 벌어지는 전쟁의 목적은 무엇일까?

전쟁 시 지도자는 분노에 지배당하는 인간일까, 아니면 승리를 위해 이성으로 판단하고 결정하면서 인간이 그토록 두려워하는 죽음을 불사하고 싸우도록 분노를 이용하는 것일까? 하마스는 이스라엘의 보복으로 더 많은 자국민이 희생될 것을 알고도 이 전쟁을 시작했다. 아기들을 참수한 것은 지도자의 뜻이었을까, 아니면 전쟁의 과흥분 상태에서 저지른 우발적 행위였을까?

분노의 감정이 어떻게 전개되느냐를 보여 주는 예가 있다. 이스라엘 여군은 초기에 전투에 직접 참가했다. 그러나 여군이 전사하거나 포로로 잡히면 남성 군인들은 위험한 상황에서도 무모한 공격을 펼쳤고, 결과적으로 전투력이 손실되었다. 이후 이스라엘은 여군들을 후방에서만 근무하도록 했다. 전쟁 상황에서 자국민에게는 공감이 증가하고 적군에게는 공감이 차단된다는 사실을 알 수 있다.

☀ 엽기적인 살인자

고유정은 전남편을 엽기적으로 살해했다. 2년 전 이혼한 남편이 재판을 통해 아들의 면접권을 획득한 뒤 처음으로 여섯 살짜리 아들과 만나는 날이었다. 고유정은 만남의 장소를 제주도로 정하고 아들과 함께 전남편을 놀이동산에서 같이 만난 뒤 자신이 예약한 펜션으로 왔다. 그런 다음 졸피뎀이라는 강력 수면제를 음식에 타 남편을 잠들게 하여 살해한 뒤 잔혹하게 시신을 훼손했다.

전남편 가족들의 신고로 사건의 전말이 알려지자, 고유정은 전남편이 성폭행하려고 해서 우발적인 살인을 저질렀다고 진술했다. 하지만 조사 결과 이것은 명백한 거짓이었다. 그녀가 5일 전부터 범행을 준비했으며, 범행 3일 전에 흉기와 세척제, 종량제 봉투 30개를 구입한 사실이 드러났기 때문이다. 게다가 사용하고 남은 물건은 환불까지 받았다.

경찰 조사와 방송 취재 결과, 고유정의 사생활이 드러났다. 그녀는 거짓말을 밥 먹듯이 해 왔다. 이혼 과정에서 전남편이 알코올 중독이라고 주장했으나 정작 그는 술을 마시지 않는 사람이었다. 학창 시절 친구는 그녀가 언니가 없는데도 있다고 말하는 등 쓸데없는 거짓말을 쉽게 했다고 진술했다. 그녀는 재판 과정에서도 거짓말이 들통나면 울음으로 회피하려고 했다.

아울러 재판 과정에서, 재혼한 남편이 전 부인과 낳은 아들도 사건 발생 두 달 전 살해한 정황이 드러났다. 현 남편도 충격적인 증언을 했다. 고유정이 몇 달 전 해외여행을 가자고 했으나 가지 못했는데, 만약 그때 함께 여행을 갔다면 자신도 살해 당했을 가능성이 크다는 것이다. 그 시점에 고유정이 니코틴 살해에 대해 검색한 것이 밝혀졌기 때문이다.

이러한 일련의 사건을 일으킨 고유정의 심리 세계를 어떻게 설명할 수 있을까? 끝내 드러날 수밖에 없는 치밀하지 못한 거짓말을 하는 이유는 무엇일까? 고유정의 분노는 그녀에게 어떤 이득을 주었을까? 극단적 분노로 인해 주변인을 살해한 경우 그 분노의 원인은 자신이 받은 상처일까? 전남편에게 아들을 보여 주는 과정을 어째서 그렇게 고통스럽게 인지한 것일까? 설사 그렇다 해도 진정 자신의 마음에서 살인이 정당화될 수 있었을까?

☀ 감정적 폭력과 도구적 폭력

배우자 폭력에 있어서 관계 회복이 가능한가, 불가능한가를 결정하는 지표가 바로 감정적 폭력과 도구적 폭력이다. 도구적 폭력이라면 관계 회복은 어렵다. 감정적 폭력은 갈등의 결과로 감정이 고조된 상태에서 폭력이 일어나는 경우다. 관계 회복이 가능하지만, 그렇다고 이런 폭력에 긍정적인 면이 있다는 뜻은 아니다. 감정적 폭력도 허용되어서는 안 되지만, 단지 회복 가능성이 있다는 말이다.

도구적 폭력은 감정의 개입이 적은 폭력이다. 화가 난 이유와 관계없이 폭력을 저지른다. 가해자는 화가 났다고 말하지만 객관성이 없다. 주변에서 보기에 화가 날 만한 상황이 아니었으니 말이다. 이런 사람은 폭력을 저지른 후 죄책감을 느끼거나 후회하지 않는다. 반면에 감정적 폭력을 저지른 경우에도 자신은 잘못이 없다고 생각할 수 있지만, 폭행한 사실 자체에는 죄책감을 갖는다.

도구적 폭력은 상대를 조정하기 위해 폭력을 행하기 때문에 상대의 마음 따위는 중요하지 않다. 상대가 억울해하거나 아파해도 괘념치 않는다. 반면 감정적 폭력은 서로 감정이 상해 충돌하다가 분노가 조절되지 않는 경우라서, 배우자의 아픔에 대한 미안함과 후회는 갖고 있다. 감정적 폭력은 법이 적용된 상태에서는 관계 회복이 가능하지만, 도구적 폭력은 강력한 가정폭력처벌법을 적용해도 관계 회복이 어렵다.

성적 욕망과 파괴적 욕망

프로이드는 정신분석학을 구체화하던 초기, 인간의 욕망을 리비도(성적 욕망)와 데스트루도(파괴적 욕망)로 구성되었다고 가정했다. 성적이고 생산적인 사랑의 욕망과 죽음에 가깝고 분노의 화신인 파괴적 욕망이 인간 내면을 양분해서 지배한다고 보았다. 사랑과 분노, 사랑과 전쟁은 이런 분류에 속한다. 폭력은 인간 사회에 흔하게 존재하지만 그만큼 인간을 고통스럽게 하는 것도 없다.

파괴적 욕망을 논하는 것은 삶에 이로 인한 행위가 너무나도 흔하게 존재하기 때문이다. 이 논란은 사이코패스에 대한 관심으로 나타난다. 고유정은 사이코패스의 전형적인 예이지만, 다른 살인자에 비해 사이코패스 점수가 낮다는 보도도 있었다. 살해의 목적에 가족이라는 감정이 개입되었기 때문이다. 감정의 영향보다 단순히 살인이 목적인 범인의 사이코패스 점수가 더 높다.

히틀러와 스탈린은 사이코패스일까? 이들은 사이코패스라기보다는 인간의 죽음을 선호하는 네크로필리아(사체 애착증 환자)로 볼 수 있다. 사이코패스라면 사회적 성취를 이룰 수 없다. 다른 사람과의 사회적 관계를 유지하는 것이 불가능해서, 불량국가라 할지라도 국가의 지배자가 될 수 없다. 하물며 독일과 소련은 당시 유럽의 신흥 주도국이었다.

　아울러 소시오패스는 죽음만을 갈망하진 않지만, 사회생활을 하면서 비인간적이고 범죄적 행위를 해 이득을 취한다. 가정을 이루고 살 수도 있고, 사회 경제적인 부를 누리기도 한다. 자신의 범죄 행위에 대한 방어 능력을 공식적이고 법적으로 보유하기도 한다. 이들에게 폭력은 수단이 된다. 집단을 형성할 수 있고, 정치적인 행위도 한다. 이익을 위해 공격성과 분노를 행하는 부류다.

　사이코패스의 특징은 인간에 대한 공감 능력이 없다는 것이다. 공감 능력은 분노가 폭력으로 이행되는 것을 막는 가장 중요한 요소로, 이것이 작동되지 않으면 상대의 감정에 둔감해서 고통에 무심하며 잔혹한 행동을 제한하지 못한다. 적은 분노로도 잔인한 폭력 행위를 죄책감 없이 저지른다. 법적인 제재나 공권력의 제지가 없으면 쉽게 그런 행위를 해 버린다.

　이스라엘 민간인에 대한 하마스의 무차별 공격은 무엇으로 설명할 수 있을까? 전쟁에는 분노라는 감정이 절대적으로 작용한다. 제대로 된 지도자라면 이에 압도되지 말아야 전쟁을 유리하게 끌고 갈 수 있다. 분노에 휩싸이는 사람은 싸움에서 이길 수 없다. 분노의 힘이 전쟁 과정에서 적재적소에 발휘되도록 사용할 뿐이다. 국가 간 전쟁은 냉정하게 이익이 우선되어야 한다.

지도자가 분노를 포함한 부정적 정서를 조절하지 못하고 주변인들도 무력하게 휘둘린다면, 핵전쟁과 같이 인류의 멸망을 초래할 행위를 명령할 수 있다. 사이코패스는 자신을 지키지 못한다. 내부의 파괴적 욕망이 순간 제어를 벗어나면 다른 인간을 파괴하지만, 결국 자신도 사회에 의해 파괴당한다. 네크로필리아적 충동이 스스로를 통제하지 못하는 지도자에 의해 발현되면 인류는 파멸될 수 있다.

☀ 습관적 폭력자와 사이코패스의 차이

사랑은 공감 능력을 만들어 작동하게 하고, 분노는 공격성을 불러일으킨다. 사이코패스는 공감 능력이 없어 쉽게 분노를 분출하는 사람이다. 가정 내 폭력을 일으키는 사람은 사이코패스일까? 그럴 수도 있고 아닐 수도 있다. 다음 표를 통해 알아보자. 가족 내 폭력자가 사이코패스 등에 해당한다면 가정 폭력은 해결되기 어렵다.

	공감 능력	분노(반사회적 행동)	사회구성원으로서 기능
사이코패스	---	+++	어려움
네크로필리아	--+	+++ (극도의 변인격적 행위)	가능
소시오패스	--+	++ (범법 행위)	가능
감정적 가족 내 폭력자	-+	++ (가족에게만 국한)	가능

소시오패스와 사이코패스도 가족 내 폭력을 행사하지만, 감정적 가족 내 폭력자들과는 다르다. 공감 능력이 없다는 것이 가장 큰 차이점이다. 이를 도구적 폭력이라고 한다. 앞서 말했듯이, 만일 가족 내 폭력자가 도구적 폭력자라면 부부 상담을 통해 폭력 문제를 해결하기 어렵다.

사춘기를 '이유 없는 반항'이라 부르는 것은 잘못된 표현이다. 있어야만 하는 필연적 성장 과정이기 때문이다. 이 시기 사고와 도덕성의 발달은 성인 수준에 도달해 옳고 그름에 대한 자기 기준을 갖게 한다. 부모의 잘못이 보이면 나름의 관점을 가지고 평가하고, 성장하여 자기만의 세계를 가지려고 한다. 방문을 걸어 잠그고 가족과 함께하는 걸 귀찮아한다. 비밀이 많아지고 친구들과는 더 밀착한다. 규제에 반발하고 자기주장과 요구가 강해진다. 한마디로 자아 정체감을 만들어 가는데, 부모와 다른 자신이 되는 것이다. 부모의 보호 아래 성장했지만 이제는 자신만의 방법을 찾아 나선다. 부모와 분리되어 자기만의 것을 갈구하고 부모를 고루하게 느낀다. 부모를 넘어서지 못하면 미래 사회의 경쟁에서 버틸 수 없는데, 이를 부모는 위험하고 미숙한 반항으로 여겨 강하게 혼내거나 모른 척한다. 하지만 사춘기 반항은 자녀가 한 인간으로 살아남기 위한 절대 행위로 봐야 한다.

제 3 장

생애 주기별 분노

친밀한 관계는 서로의 통제를 전제한다
이는 억압일까, 권리일까?

생후 주기별 분노가 출현하는 이유

인간의 분노는 공격성이라기보다는 사회에 적응하고 생존하기 위한 관계 내의 행위일 수 있다. 발달 과정의 각 단계마다 습득하고 해결해야 할 행위와 과제가 있는데, 여기에 문제가 생기면 부정적인 감정을 품게 되고 그 정점에서 분노가 표출된다. 아기도 생존을 위한 분노 행위를 한다. 움직임이 제한될 때 가장 원초적인 분노를 일으킨다. 아이들은 놀이를 좋아한다. 놀이는 사랑과 함께 인간 행복의 가장 중요한 행위로, 이를 박탈당한 아이들은 극도의 부정적인 감정을 느끼며 자신을 파괴한다.

형제의 탄생은 기쁨이지만 동시에 나눔을 의미하고 이는 필연적으로 억울함을 동반한다. 이 억울함은 공정을 위한 분노의 원형이 된다. 청소년들은 그 시기에 자신만의 삶의 방식을 습득해야 한다. 그 과정에서 비교와 경쟁, 어른들의 제재를 경험하며 반항심을 품는다. 성숙한 관계의 정점인 사랑과 결혼은 가장 큰 행복을 약속하지만, 이를 지키고 완성하기 위해서는 그만큼 크고 많은 분노가 작동되어야 한다. 이처럼 성장과 성숙의 과정에서 그 시기에 맞는 적절한 분노를 습득해야 인격이 완성된다.

갓난아기의 분노

갓 태어난 아기에게도 분노 반응이 나타난다. 신생아는 뇌의 발달이 진행되지 않아 이성적으로 무언가를 판단할 수 없는 상태지만 화가 난 것처럼 보이는 행동을 할 때가 있다. 얼굴을 고통스럽게 찌푸리고, 분노에 찬 것처럼 온몸의 근육에 힘을 주면서 용을 쓰며 고함 섞인 울음을 터트린다.

모르는 사람들은 배가 고파서, 혹은 용변 본 기저귀를 갈아주지 않아서라고 생각한다. 하지만 배가 고프면 아기는 칭얼거리듯 울지 온몸의 근육에 힘을 주고 얼굴이 빨개질 정도로 용을 쓰진 않는다. 아기들의 이런 분노 행위는 일반적인 성인의 화와 다르다. 상대에게 화를 내기 위한 형태라기보다는 동물이 덫에 걸렸을 때 하는 생존 행위와 유사하다. 아기도 동물이기에 움직임이 제한되면 공포를 동반한 분노가 본능적으로 나오는 것이다.

갓난아기를 화나게 하는 방법은 팔을 붙잡고 움직이지 못하게 하는 것이다. 그러면 아기는 온몸의 근육에 힘을 주며 용을 쓴다. 꼼짝하지 못하는 상황에서 빠져나오기 위해 할 수 있는 모든 것을 하는 것이다. 살기 위한 몸부림인 셈이다. 그 상황이 지속된다면 생명을 잃을 수도 있기 때문이다.

이를 강아지에게 해 봐도 결과는 마찬가지다. 꼼짝 못 하게 하면, 처음에는 주인이 붙잡은 것을 알고 가만있는다. 하지만 주인이 계속해서 풀어 주지 않으면 있는 힘을 다해 그 상황에서 빠져나오려고 한다. 그래도 멈추지 않으면 주인의 손을 물려고 하기도 한다.

관계를 맺어 본 적이 없으니 화의 의미를 알지 못하는 아기가 그런 행위를 하는 것은 생존을 위한 본능이다. 잠시 움직이지 못하는 것은 문제없지만, 일정 시간 움직이지 못하는 것은 본능적으로 생존에 위협이 되기 때문이다. 외부의 힘이나 환경에 의해 행동이 제한되면 자칫 생명을 잃을 수도 있다.

모든 동물은 행동을 제한받으면 생명을 유지할 수 없다. 웅덩이에 빠지거나 덫에 걸리는 상황과 같다. 그런 상황에서 동물은 신체 일부가 손상되더라도 빠져나오려 한다. 전형적인 분노 발작 행위다. 인간에게 행동 제한은 자율성의 제한이다. 하고 싶은 대로 하지 못하는 자율성의 제한은 원초적인 분노를 일으 키며, 그래서 폭력 행위를 동반할 수 있다.

아동기의 분노

☼ 자기 발달을 알리기 위한 행위로서의 분노

아이는 움직이기 시작하면, 호기심으로 주변을 탐색한다. 하지만 기어가다가도 엄마가 보이지 않으면 급히 되돌아온다. 아직 엄마 없는 세상에서는 생존할 수 없기 때문이다. 하지만 엄마 곁에서는 끊임없이 벗어나려는 행동을 한다. 게다가 이런 탐색 행동을 하지 못하게 하면 심한 투정을 부린다. 어른의 화 와 유사하다. 움직일 수 있는데 위험 등을 이유로 행위를 제한 하면 스트레스를 받고 분노 반응을 보이는 거다.

그보다 더 성장하면 아이는 할 수 있는 한 어른의 행위를 하 려 한다. 예컨대 엘리베이터를 타면 자기가 버튼을 누르려고 한다. 이때 부모가 먼저 누르면 자기가 할 거라고 난리를 치기 도 한다. 떼를 부리고 분노를 표출하는 것이다. 성인도 마찬가 지다. 하고 싶고 할 수 있는 일을 누군가가 대신 해 버리면 화가 난다. 먼저 업적을 남기고 싶은데 누군가 그 일을 해 버리면 영광을 잃은 것 같은 심정을 아이들도 똑같이 느낀다. 할 수 있는 것을 막는 것에 대한 분노다.

☀ 놀이의 의미와 놀이의 박탈

자라나는 아이들에게 놀이는 부모의 사랑만큼 중요하다. 부모에게 사랑을 받을 때와 친구들과 놀이를 통해 교류할 때 아이의 뇌에서는 사랑을 관장하는 애착 호르몬이 나온다. 그런데 놀이를 할 때는 애착과 안정의 호르몬뿐 아니라 도파민 분비로 인한 쾌감도 함께 느낀다. 놀이는 사랑만큼 인간 삶에 필요한 행위인 셈이다. 아이들의 놀이는 성인의 행위를 모방한 것이 많다. 사내아이는 전쟁놀이를 하고 여자아이는 소꿉놀이를 한다. 아이들은 놀이를 통해 미래의 삶을 예행 연습한다. 이렇게 놀이는 개인의 능력을 향상시키고 타인과 관계 맺는 것을 연습시킨다.

놀이에는 몇 가지 전제 조건이 있다. 위험해선 안 되고 서로 규칙을 지켜야 하며, 놀이하는 동안만큼은 서로 이에 몰입하기로 암묵적으로 동의한다. 이 조건을 지키면 인간은 놀이를 할 때 행복을 느낀다. 놀이는 쾌락과 안정의 호르몬을 모두 분비시키기 때문이다. 아이들은 또래와 자기들만의 놀이를 새로 만들기도 한다. 어른들의 축구나 체스 게임 같은 복잡한 놀이를 할 능력이 없기 때문인데, 이를 통해 창조성을 키우게 된다.

누구든 어린 시절 자기만의 놀이를 했던 기억이 있을 것이다. 나는 바둑돌로 '알까기' 게임을 했는데, 바둑판 대신 안 쓰는 문짝을 갖고 놀며 무척 재미있어 했던 기억이 난다. 여름이면 수돗가가 있는 마당에서 물을 뿌리고 미끄럼을 타고, 겨울에 눈이 오면 집 담장 옆에 한 사람이 들어갈 정도의 요새(?)를 만들었는데 봄이 되어 눈 요새가 녹아 없어질 때의 안타까움이 지금도 생생하다. 놀이는 인간을 행복하게 하는 행위임이 틀림없다.

놀이를 박탈당한 아이

분노의 감정을 주체하지 못하는 젊은이가 있다. 그는 몽둥이를 가방 속에 넣고 다닌다. 분노의 대상은 어른들이다. 다른 사람들의 기분이 상하든 말든 아랑곳하지 않고 자기 하고 싶은 대로 하는 어른들을 보면 화를 참을 수 없다. 지하철에서 50대 남자 승객들이 자기들끼리 낄낄대며 다른 승객들에게 피해를 주는 꼴을 보면 응징하고 싶다. 그에게는 특별한 아픔이 있다. 아픔이라는 사실조차 모르고 살았지만 말이다. 성인이 되어서야 그는 분노와 우울이 교차하는 삶을 살고 있는 자신을 발견한다. 즐거움이 없고, 인간에 대한 신뢰도 없으며, 분노로 가득 차 있다. 이렇게 된 가장 큰 이유는 어릴 적 부모에 의해 놀이를 강탈당했기 때문이다.

그는 남자아이인데도 밖에서의 놀이를 전면 금지당했다. 위험하다는 이유에서였다. 차가 다니는 길에서 자전거를 타는 것은 위험하긴 하다. 그렇다고 자전거를 아예 타지 못하게 하면 아이의 삶은 고통스럽다. 즐거움을 박탈당했으니 말이다. 만화책도 볼 수 없었다. 놀이를 하지 않으면 친구들과 관계를 맺을 수 없다. 부모가 허용하는 놀이만 해야 한다면 그 놀이는 이미 놀이로써 가치를 상실한다. 그는 클래식을 듣고 오페라 공연은 볼 수 있었지만, 대중가요는 허용되지 않았다. 연예인을 따라 하는 옷차림은 생각도 할 수 없었다. 하지만 어린 소년은 저항하지 못했다.

그 결과 연예인 얘기를 하거나 게임을 하는 아이들과 놀지 않았다. 다행히 성적이 좋아 친구들이 무시하지 않았지만, 먼저 친구들에게 다가가지 못했다. 중고교를 졸업한 후 그에게는 놀이도 친구도 없었다. 얼굴에 자연스러운 표정도 사라졌다. 사람에 대한 기대도 없어서 아무도 믿지 않았다. 무언가를 하려고 하면, 그것을 하지 말아야 하는 게 아닌가 하는 생각이 앞서 아무 일도 할 수 없었다. 어느 날 다른 사람을 무시하는 행동을 하는 사람, 특히 어른들에 대해 참을 수 없는 분노가 생겼고 가방에 망치와 몽둥이를 넣어 다니기 시작했다. 인간에 대한 분노가 심어져 버린 것이다.

☼ 형제자매 간 질투로 인한 분노와 공정성의 획득

"동생이 생기면 좋을까, 싫을까?" 이 질문에 대한 아이들의 솔직한 마음은 무엇일까? 실상 아이들에게 동생의 탄생은 아픈 감정을 동반한다. 사랑을 반으로 나눠야 하기 때문이다. 또한 그 솔직한 마음을 들켜서도 안 된다. 동생을 질투한다고 부모로부터 꾸중을 들으니 말이다. 동생을 몰래 꼬집다가 들키면 혼이 나지만, 성인의 관점에서 생각하면 이런 행동은 사실 당연하다. 어느 날 갑자기 재산의 반을 누군가에게 주라면 쉽게 받아들일 수 있을까? 이와 마찬가지다.

이런 상황에서 아이가 무의식적으로 몰두하는 것은, 부모가 자신을 제대로 대했느냐의 여부다. 아이들은 생각한다. 왜 형과 언니의 옷을 물려받아야 하지? 동생은 혼내지 않으면서 나에게만 엄격한 이유는 뭘까? 오빠는 설거지를 시키지 않으면서 왜 나만 하라고 할까? 오빠는 늦게 들어와도 되고 나는 여자라서 일찍 귀가해야 하나? 두 살 차이인데 용돈 차이는 왜 이렇게 많이 날까?

이것은 인간이 사회에서 가장 중요하게 여기는 '공정'의 문제다. 공정은 다차원적인 방향을 갖고 있다. 따라서 사람마다 중요하다고 생각하는 관점이 다르기에 내 관점을 상대가 쉽게 이해하지 못한다. 그러면서 누구나 다 자신은 공정하게 행동한다고 생각한다. 부모에게 항의해 봤자 열 손가락 깨물어 안 아픈 손가락이 없다고 말할 뿐인데, 자녀 입장에서는 동의하기 어렵다. 그래서 이런 억울함은 쉽게 해소되지 않는다.

이 공정함에 대한 필요성을 절실하게 느끼고 훈련하게 되는 것이 곧 형제자매 간 질투의 장이다. 자기 관점을 부모가 받아들일 수 있게 표현하고 개개 자녀의 억울함을 그에 맞게 이해해야 공정함이 실현될 수 있다.

평생 이 문제로 충돌하는 가족을 의외로 자주 볼 수 있다. 미국에 거주하는 30대 초반의 전문직 여성은 부모가 오빠에 비해 자신을 공정하지 않게 대하는 것에 대한 분노로 10년간 충돌을 이어오고 있었다. 어이없어하던 부모가 사과했지만, 진정성이 없다며 오히려 더 큰 분노를 표출했다. 공정함에 대한 분노가 얼마나 큰지, 그 해소가 얼마나 어려운지를 보여주는 단적인 예다.

사춘기의 분노

☀ 자율성 발달을 위한 절대 행위

사춘기를 '이유 없는 반항'이라 부르는 것은 잘못된 표현이다. 있어야만 하는 필연적 성장 과정이기 때문이다. 이 시기 사고와 도덕성의 발달은 성인 수준에 도달해 옳고 그름에 대한 자기 기준을 갖게 한다. 부모의 잘못이 보이면 나름의 관점을 가지고 평가하고, 성장하여 자기만의 세계를 가지려고 한다. 방문을 걸어 잠그고 가족과 함께하는 걸 귀찮아한다. 비밀이 많아지고 친구들과는 더 밀착한다. 규제에 반발하고 자기주장과 요구가 강해진다. 한마디로 자아 정체감을 만들어 가는데, 부모와 다른 자신이 되는 것이다. 부모의 보호 아래 성장했지만 이제는 자신만의 방법을 찾아 나선다. 부모와 분리되어 자기만의 것을 갈구하고 부모를 고루하게 느낀다. 부모를 넘어서지 못하면 미래 사회의 경쟁에서 버틸 수 없는데, 이를 부모는 위험하고 미숙한 반항으로 여겨 강하게 혼내거나 모른 척한다. 하지만 둘다 원하는 결과를 얻기는 어렵다.

부모의 강한 대처는 성공해도 부작용이 심하다. 혼이 난 자녀는 곧 다시 저항한다. 부모가 더 강하게 굴복시켜 영원히 반항하지 못하게 하면 자녀는 자기가 사라진 수동적인 성인이 된다. 다른 방향은 자녀가 반항을 포기하는 대신 자신을 파괴하기 시작하는 것이다. 학교를 거부하고 위험한 행위를 한다. 예컨대 오토바이를 훔치거나, 무분별하게 이성을 만나고, 자해를 하는 것이다.

부모는 사춘기 자녀와의 관계에서 손을 들 수밖에 없다. 그렇다고 실패했다고 여겨선 안 된다. 부모에게 순응하는 자녀는 경쟁력을 갖추지 못한다. 부모 말을 잘 듣는다는 의미는 30년 전 부모 가치관을 받아들이는 것이다. 자녀는 미래의 경쟁력을 획득해야 하며, 새로운 세대와 창의적 경쟁을 벌여야 한다. 모든 부모는 자신이 옳고 자신의 판단이 자식의 미래를 위하는 길이라고 착각한다. 하지만 그런 전지전능한 인간은 존재하지 않는다.

부모의 역할은 자녀가 부모 말을 잘 듣도록 하는 것이 아니다. 자녀가 성장하는 만큼 부모가 알 수 없는 미래 세상에서 스스로 헤쳐나가게 돕는 거다. 어린 자녀의 행동은 미성숙과 유치함을 동반하지만 이를 용인해야 한다. 거기서 자기만의 성숙한 방식을 만들고 이를 통해 미래 사회에 적응하기 때문이다. 부모는 이 과정에 개입하는 대신, 응원을 아끼지 말아야 한다. 사춘기 반항은 자녀가 한 인간으로 살아남기 위한 절대 행위다.

☀ 또래 갈등, 왕따와 학교 폭력

현대 사회에서 폭력은 어떤 이유로도 용납되지 않는다. 하지만 인간 내면에는 폭력성이 잠재돼 있어 미성숙한 청소년이 폭력을 행사할 가능성은 늘 존재한다. 이때 학교 폭력의 주요 원인으로 놀이의 박탈을 꼽을 수 있다.

아이들은 친구들과의 놀이를 통해 우정과 동료애를 형성하고 서로에 대한 공감 능력을 익힌다. 갈등과 충돌은 피할 수 없어 쉽게 싸우고 곧 친해진다. 화해해야 놀 수 있기 때문이다. 그러나 학습 연령이 높아지면서 놀이를 차단당한 아이들은 급격한 스트레스 상황에 내몰리게 된다. 그러면서 쉽게 분노하고 화해하지 않는다. 같이 지내기 위해 필요한 싸우는 기술도, 화해하는 방법도 습득하지 못한 아이들은 정서적으로 불안정해지면서 더 쉽게 분노를 느낀다. 분노는 또래를 향하게 되고, 집단을 형성한 아이들은 자신과 맞지 않는 다른 아이를 분노의 대상으로 삼는다.

놀이의 중요성을 알지 못하는 부모들은 아이들에게 선행학습을 시킨다. 그 결과 학교는 행복의 장소가 아니라 무한 경쟁의 장이 되었다. 밤늦도록 학원 수업을 듣느라 정작 수업 시간에는 대부분의 아이들이 졸기 바쁘다. 누가 봐도 부조리한데 어른들은 알아주지 않는다. 아이들은 공부를 강요하고 자발적 행위들을 차단한 부모에게 분노를 느끼지만, 표현도 못한 채 쌓아만 간다.

아이들은 분노할 수밖에 없는 구실을 만들어 이를 구성원들 사이에서 확인시키고, 공격할 명분을 찾아 합리화한다. 만약 동조하지 않으면 그 누구라도 공격 대상이 되기에 주변 아이들은 반대되는 행동을 하지 못하고 방관한다. 이는 인간 본성 깊숙이에 자리 잡고 있는 것이다. 인류는 공동의 가치를 거부하거나 반항하는 구성원을 집단에서 배제해 왔다. 에스키모인은 이런 구성원을 은밀히 처형했다.

아이들의 마음에는 이런 본성이 남아 있다. 따돌림을 주도한 아이들은 자기들만의 정당성을 만든다. 상대가 공격받을 짓을 했고 자신들의 마음을 상하게 했다는 극히 주관적인 판단을 내리고, 심각한 피해를 입혀도 후회하지 않는다. 대부분 피해 아이들의 잘못은 별 내용이 없다. 잘난척한다, 말이 통하지 않는다, 기분 나쁘게 쳐다봤다는 이유로 잔인한 따돌림의 대상이 된다.

가해자들은 집단을 형성하면 상상할 수 없는 잔인한 행동도 서슴지 않는다. 상대의 인격을 무시하는 공격, 반인륜적 행위를 하기도 한다. 얼마 전까지 가장 친했던 친구에게 받은 모멸 찬 공격에 피해 아이들의 상처는 깊을 수밖에 없다. 당한 아이들은 외톨이가 된다. 그 고통은 세월이 지나도 지워지지 않는 상처로 남아 인간관계를 등지고 사회로부터 격리된 채 살아가기도 한다.

청년기의 분노

☆ 연인 간 갈등과 분노 : 통제인가, 권리인가?

사랑에 빠지는 것만큼 행복한 건 없다. 함께하게 된 두 사람은 서로를 가장 소중하게 여기는 관계를 맺는다. 이는 서로를 하나로 묶고, 그 얽힘은 사랑의 절대 조건이 된다.

하지만 그만큼 의무도 생긴다. 다른 이성을 쳐다보는 것도, 연락을 자주 안 하는 것도 불만 사항이 된다. 친구를 자주 만나도, 술을 자주 마셔도, 늦은 귀가도 문제가 될 수 있다. 너무 친한 특정 친구를 만나지 말라는 요구에 충돌이 벌어지기도 한다. 통제가 선을 넘어 저항이 생기는 경우다. '연인 사이인데 왜 내 말을 들어 주지 않지?'와 '연인이라고 어떻게 상대 행동까지 통제해?'가 팽팽히 대립한다. 연인 관계 초기의 이런 통제와 저항은 사랑하는 사이라서 발생하지만, 서로를 당황하게 만든다.

일반적으로 통제는 고통이다. 하지만 사랑의 징표로써의 통제는 다르다. 통제가 너무 없으면 서운해하기도 한다. 이렇게 통제(Control)에 관한 문제는 연인 관계에서 너무나 흔하게 발생한다. 관계 맺음은 서로 어느 정도의 통제를 받아들인다는 약속을 하는 것이다. 하지만 이는 행동을 제한해 강한 분노를 야기할 수 있는 만큼, 관계 초기부터 서로의 성향에 따라 어떻게 조정할지를 논해야 한다.

☼ 극렬하게 분노하는 늦된 사춘기

사춘기는 어릴 때 시작할수록 부작용이 적다. 착했던 자녀가 대학생이 되어 이해할 수 없는 반항을 하는 사례도 있다. 마치 다른 사람처럼 돌변해 부모 말을 듣지 않고, 모든 것을 거부한 채 부모가 받아들일 수 없는 요구를 한다. 극단으로 치달아 부모에게 도를 넘는 불만과 공격을 일삼고, 자기 인생을 망쳐 놓았으니 금전적으로 보상하라고 요구하기도 한다.

의예과를 마친 아들이 본과에 올라가기를 거부했다. 의사라는 직업이 자신과 맞지 않다는 것이다. 부모가 말리자 아들은 악을 쓰며 지금껏 부모가 시키는 대로만 살아온 탓에 자기 삶이 없다고 했다. 부모와 말이 통하지 않으니 자포자기하듯 의과대학에 진학했지만, 아버지 같은 교수들이 대부분이라 숨이 막혀 더는 다닐 수 없다고 했다. 이제라도 자기 삶을 되찾겠다고 고래고래 소리를 질렀다.

불경스러운 말대답에 어머니는 급기야 아들의 뺨을 때렸다. 아들은 그길로 집을 나가 3개월째 들어오지 않았고 학교는 휴학했다. 그 후 아들은 돌아왔지만, 조건이 있었다. 자신이 하는 일을 제지하지 말라는 것이다. 부모가 제동을 걸면 아들의 분노는 극한으로 치달았고, 집안을 죄다 때려 부수기까지 했다. 그러더니 어느 날부터 힙합을 하고 있다. 부모는 기가 막혔지만 별 방법이 없다.

다른 예로, 오랜 시간 순응해 온 자녀를 부모가 마음대로 하려 해 문제가 발생하기도 한다. 어느 날 부모는 변호사인 아들의 주머니에서 여자 친구의 편지를 발견하고 기겁했다. 지난 휴가 때 친구들과 여행 간다고 하더니 여자 친구와 간 게 틀림없었다. 집안도 다니는 대학도 맘에 들지 않아서 2년 전에 헤어지게 한 여성을 다시 만나고 있었다. 아들은 이번엔 결코 헤어지지 않겠다며 단호하게 선언했다.

사업을 크게 하던 아버지는 아들이 그 여자와 결혼하면 재산을 물려주지 않을뿐더러 호적에서도 빼겠다고 엄포를 놓았다. 늘 모범적이고 순응하던 아들이 물러설 줄 알았지만, 아들은 부모와 절연을 결심했다. 부모 역시 강경한 태도를 취했으나 아들을 이길 가능성은 없었다. 관계가 다시 이어졌어도 아들 마음의 상처는 사라지지 않았다. 그만큼 분노가 컸던 것이다.

초중기 결혼 생활에서 나타나는 분노

☀ 육아와 스트레스

아이에게 짜증을 내고 때리기까지 하는 젊은 엄마들이 있다. 아이가 보채는 것은 당연한데, 자신이 왜 그런 행동을 하는지 자신도 이해할 수 없다. 아이를 해칠 생각까지 하는 자신에게 놀라는 엄마도 있다. 그런 생각을 한 자신을 용서할 수 없다는 자책감에 사로잡히기도 한다. 아이는 돌봐야 하는데 아무 의욕이 없다. 그렇다고 아이를 돌보지 않을 수도 없으니 자책의 연속이다.

전형적 산후 우울증의 사례다. 정신적 결함이 있어서가 아니라, 불안정한 호르몬 체계와 과중한 육아 스트레스 때문에 상황적 우울증에 빠진 것이다. 치료를 위해서는 남편을 비롯한 가족과 주변 사람들의 적절한 관심이 선행되어야 한다. 이런 상태에 놓인 여성에게 문제가 있다고 치부해서는 안 될 일이다. 어떻게 엄마가 아이를 돌보지 않느냐는 질책은 회복을 어렵게 만들 뿐이다.

어린아이를 키우는 엄마는 정서적으로 불안정할 수밖에 없다. 육체적으로 탈진할 정도로 지친 데다 정신적으로 날카롭게 긴장된 순간들이 지속되기 때문이다. 인류 역사상 지금처럼 엄마가 어린 아기와 단둘이 있는 시간이 많았던 시기는 없었다. 과거는 대가족 사회였고 이웃들도 쉽게 육아에 동참해 주었다. 엄마가 되기 전부터 아이를 접할 기회도 많았다. 그러나 현대의 엄마들은 가족 구조상 대부분 출산 전 아기들과 살아 본 경험이 없다.

어린아이와 하루 종일 같이 있으면 끼니도 제대로 챙겨 먹기 어렵고 화장실 한번 편하게 갈 수 없다. 이런 상태로 하루를 보내는데, 귀가한 남편이 자신의 상황을 알아주지 않으면 감정이 제어되지 않는다. 남편이 평소 잘 도와주었더라도 귀가 후 집안이 어지럽혀 있거나 설거짓거리가 쌓인 것을 보고 미간을 찌푸리면 부인은 말할 기운도 사라진다.

아이들이 어느 정도 자라도 육아와 살림을 병행하는 것은 여전히 힘들다. 아이 둘을 키우는 부부의 예를 보자. 깔끔한 남편은 집안일은 잘 도와주지만 장난감이 널려 있는 것을 못 참았다. 치우라는 남편 요구에 부인은 아이가 둘인 집에서 어떻게 장난감을 늘 정리하느냐며 목소리를 높였다. 부부는 크게 충돌했고, 남편이 한발 뒤로 물러서서 자신이 퇴근할 때 현관에 신발만은 가지런히 해달라고 부탁했다.

그 후 부인도 정리에 신경을 썼지만, 얼마 뒤 신발이 정리되지 않은 현관을 보고 다시 충돌이 일어났다. 부인은 노력했지만 남편 귀가 시간에 맞춰 신발을 정리한다는 것이 쉽지 않았다. 갈등은 반복됐고, 싸움 강도는 점점 커졌다. 남편은 자신이 많은 걸 양보했는데 그것 하나 못 지키냐고 말했다. 하지만 부인은 아이 둘이 방방 뛰어다니는 집안에서 신발 정리를 문제 삼는 남편에게 화가 치밀었다.

남편은 결국 아내에게 이혼을 요구했다. 신발 정리는 일종의 마지노선이었다. 자신은 이미 많은 것을 양보해 왔다. 시댁에 가는 것을 어려워하는 부인을 이해해 주었고, 아내가 인정할 정도로 집안일을 많이 돕고 있었다. 그런데 작은 부탁 하나조차 거부하니 분노가 치민 것이다. 하지만 하루에도 몇 번씩 힘든 상황이 속출하는 육아의 고됨을 이해하지 못하는 남편은 아내가 얼마나 절망감을 느끼는지 전혀 알지 못했다.

아빠들도 힘들다. 젊은 아빠들은 아직 사회에서 자리를 잡지 못한 상태다. 힘들게 일을 마치고 귀가하면 육아에 지친 부인과 마주친다. 그때 직장 생활보다 더 힘든 육아와의 전쟁이 시작되고, 지친 아내는 쉽게 짜증을 낸다. 같이 있어야 하는 주말은 주중보다 더 힘든 시간이다. 자신도 힘든데 부인은 불만이 많고, 집은 늘 어지럽혀 있고, 쉴 공간도 없다. 회식이라도 있는 날에는 죄인이 되는 자신의 삶이 한심스럽다.

요즘 젊은 아빠들의 삶이 이렇다. 어느 세대보다 가정적이고, 육아와 집안일에 적극적으로 참여하며 힘들게 살고 있는데, 아내는 마음을 알아주지 않는다고 불만이 많다. 이런 상황은 아이를 키우기 위해 해야 하는 일이 전과 비교할 수 없이 많아진 사회 구조에 원인이 있다. 가족과 사회가 출산과 육아에 대한 젊은 부부의 어려움을 어떻게든 경감시켜야 이 문제가 해결될 수 있다.

☀ 여성이 자기 남자에게 쉽게 화를 내는 이유

여성들이 평생 가장 많이 화를 내는 대상은 배우자다. 그 화에는 당당함까지 배어 있다. 이유는 배우자가 싫어서가 아니라 그 반대다. 자신을 보호하고 가장 정당한 대우를 해 줘야 하는 사람이 그러지 않는 것에 대한 반응이다. 연인이나 배우자는 당연히 의무를 다해야 하며, 그 위치에 있을 수 있는 유일한 사람이다. 여성들은 부모에게도 그 정도로 요구하진 않으니 말이다.

상대가 그렇게 행동하지 않으면 여성은 무의식적으로 그를 자신의 남자 위치에 두지 않는다. 두 사람만의 배타적 독점적 관계가 합의되어야만 정신적인 배우자로 인정하게 된다. 부인은 남편이 그런 위치에 있으면서도 제대로 행동하지 않을 때 화를 낸다. 만약 의무를 다하길 거부하는 배우자와 결혼 생활을 유지하고 있다면 자기 남자에게 하는 사랑의 화는 내지 않을 것이다. 대신 경멸하거나 적에게 내는 분노를 표현한다.

하지만 일단 배우자로 인정하면 여성은 임신할 마음을 먹게 된다. 그때 전제 조건은 배우자가 자신과 아이를 독점적으로 보호할 것을 받아들이는 것이다. 그 합의가 없다면 자신의 신체를 희생하면서까지 아이를 수태할 이유가 없다. 이런 합의에 이르는 구체적인 사항을 부부가 서로 명확히 규정하지는 않지만, 대부분은 묵시적으로 합의된 것으로 간주하고 살아간다.

여성이 배우자의 보호를 가장 필요로 하는 시기는 임신했을 때다. 입맛과 식성이 변해 심한 입덧을 하기도 하고, 체중이 늘어나 호흡곤란을 겪는 등 여러 신체적 정신적 불편함을 느끼는 시기다. 인류 사회가 발전하기 전, 임신한 여성은 남성의 보호가 없다면 생명을 잃을 가능성이 매우 컸다. 자연히 남편의 무관심은 여성의 불안을 자극하고, 이는 남편에 대한 화로 표출된다.

아이가 태어난 후에도 위험은 여전히 남아 있다. 남편의 돌봄이 필요한 여성은, 아이가 안정적으로 성장하기까지 함께 돌보면서 남편이 아이를 얼마나 좋아하는지를 마음 졸이며 관찰한다. 이를 통해 남편이 자신과 아이를 안전하게 지키며 자신들을 떠나지 않을 것임을 예측할 수 있기 때문이다. 이 취약한 시기에 남편의 보호를 받지 못한다면 그 서운함은 평생의 원망과 분노 거리가 될 수 있다.

이 외에도 아내가 남편에게 화를 내는 경우는 별자리만큼이나 많다. 남성들은 별일 아닌 일에 화내는 아내를 이해할 수 없다고 하지만, 아내가 화가 난 이유를 듣지 않고 아내를 이해하기는 어려운 일이다. 이때 남성들이 흔히 하는 실수가 자신의 잘못 없음을 증명하려 하는 것인데, 이는 아내를 더 화나게 할 뿐 아무 도움이 되지 않는다. 남편의 잘잘못은 중요하지 않다. 아내는 사랑과 관심이 필요하거나 상처받았기 때문에 화를 내는 것이므로 제대로 된 보호와 대우를 받지 못했다고 여기는 부분을 헤아려 주는 게 중요하다.

☀ 아내가 아플 때 남편이 자주 혼나는 이유

아내가 남편에게 전화해 퇴근길에 약국에 들러 감기약을 사오라고 부탁했다. 정신없이 일하던 남편은 부인이 아픈 목소리로 전화하던 순간은 기억했지만, 종일 격무에 시달리고 회식까지 하고 오느라고 아내의 부탁을 깜빡했다. 약을 사 오지 않은 자신에게 아내가 격분하자 남편은 당황했다. 그 정도까지 화를 낼 일인지 이해하기 힘들었다. 아내는 그런 남편을 노려보다 방으로 들어가 버렸다.

남편은 아프면 혼자 병원에 갔다. 그 정도는 스스로 해결해야 한다고 생각하기 때문이다. 아내는 약한 사람이니 힘든 부분을 말할 수 있다고 생각하지만, 정신없이 바쁜 자신이 약을 사 오지 않았다고 저렇게까지 화를 내는 것을 이해하긴 어려웠다. 장인 장모가 너무 애지중지 키워서일까. 남편은 근무 시간에 감기 정도로 회사에 전화해 도움을 요청하는 아내의 행동이 어린애 같다고 생각했다.

아내의 생각은 달랐다. 내 아픔이 작든 크든 배우자와 함께하기를 바랐다. 회사에서 바쁘게 일하는 남편이 병원까지 데려다주길 바란 건 아니었다. 육아와 집안일로 지칠 대로 지친 데다 감기까지 겹치니 아이를 데리고 병원에 갈 수도 없어 감기약을 부탁했을 뿐이다. 그리고 남편이 더 적극적으로 자신의 상태를 봐 주길 바랐다.

아내는 자신이 아프든 남편이나 아이가 아프든, 그 결과보다 과정에서 다양한 교류를 하고 사랑을 확인하고 싶은 것이다. 과하게 말하면 아픈 자신의 상태를 주제로 남편과 교류하기를 바랐다. 그러지 않고 각자 아플 때 알아서 병원에 간다면 무엇 때문에 결혼해 함께 사는지 모르겠다고 했다. 그런데 이렇게 생각하는 여성들이 의외로 많다. 그들은 안 좋은 일이 있을 때 남편이 함께하고, 어려운 상황에서 자신을 보호하며, 그 과정을 서로 나누며 살기 원한다. 그래서 남자들이 이해할 수 없는 영역에서 상처받고, 남편의 미흡한 태도에 사랑받지 못한다고 느낀다. 이런 마음을 남편이 헤아리지 못하면 부정적인 감정이 생기고 이것이 쌓이면 분노가 되는 것이다.

아프다고 하는데 남편이 "그럼 병원에 가 봐"라고 말하면 당연히 상처받는다. 그래서 마음이 틀어진 아내가 화내거나 짜증을 내면 남편들은 '틀린 말이 아닌데 왜 저러지?'라고 생각한다. 아프면 병원에 가는 것이 남자들에겐 정답이지만, 아내들에겐 남편이 그 과정에 어떤 역할을 하느냐가 생략된 것이다. 여성들은 그 절차가 필수적이라고 생각한다.

그렇다면 현재 우리가 느끼는 화는 무엇일까? 이제 마트에 가면 쉽게 음식을 구할 수 있으니 사냥하기 위해 분노를 사용할 필요는 사라졌다. 생활 속의 분노는 더 이상 생명을 담보로 하지는 않지만, 대신 너무 많고 광범위하여 숨이 막힐 지경이다. 매일이 갈등과 분노의 연속이고, 내가 화내지 않으면 상대의 화를 받고 사니 말이다.

이렇게 많은 화가 표출되는 것은 정교한 소통을 위해서다. 집단과 사회가 제대로 기능하기 위해서는 개인 간 소통이 전적으로 필요하다. 정교한 소통을 위해 갈등은 필연적이고, 이를 해결하는 과정에 분노가 관여한다. 같은 집단 내에서의 분노는 파괴를 위한 적대적 분노가 아니라 소통이라는 최종 목표를 위한 분노다. 즉 관계를 위한 분노다. 언어가 강력한 소통 수단으로 진화된 후 인간은 언어로 분노를 전달하게 되었고, 이 과정에서 화에 인지적 요소가 더해졌다. 이로써 '무엇 때문에 화가 났다'라는 화에 대한 '생각'이 출현하게 된 것이다.

제 4 장

분노의 기원과 실체

우리가 느끼는 화는
어떻게 만들어졌을까?

인간의 분노는 어떻게 진화했나

☀ 분노의 기원 : 적대적 분노 행위의 원형

지구상의 모든 생명체는 살기 위해 먹어야 한다. 생존을 위한 필수 행위가 다른 동물을 죽이는 것이다. 살기 위해 공격해야 하고, 죽지 않기 위해 분노로 방어해야 한다. 이것이 분노의 원형이다. 살기 위한 절대적인 행위가 분노다. 이 과정에서 스트레스 호르몬이 순간적으로 과량 분비된다. 근육에 에너지를 공급하기 위해 호흡이 가빠지고 심장박동은 빨라진다. 혈중 산소와 포도당의 농도가 높아지고, 뇌는 극도로 예민한 상태가 된다. 살기 위한 가장 기본적인 행동이 상대를 파괴하기 위한 '적대적 분노' 행위로부터 시작되는 것이다.

☼ 사회적 동물과 새로운 분노의 출현

원시 인류도 살기 위해 '적대적 분노'를 사용해 사냥했다. 동시에 사회적 동물의 진화와 함께 출현한 새로운 분노도 사용했다. 포유류가 진화하면서 새끼를 기르는 데 필요한 어미의 사랑, 새끼들 간의 동료애, 그리고 수컷이 암컷과 새끼를 함께 기르며 보호하는 애착이 형성되었다. 이로써 포유류는 집단을 이루어 다른 동물을 제압했고 그 정점에 인간이 있게 된다.

집단이 효율적으로 기능하기 위해서는 구성원 사이에 질서가 만들어져야 한다. 서열이 만들어지는 과정이나 짝짓기 철 수컷들의 경쟁에서는 같은 집단 구성원 간 분노에 의한 질서가 만들어진다. 적대적 분노처럼 상대의 목숨을 빼앗는 파괴가 목적이 아니라 서열이 정리되고 나면 사라지는 일시적 분노다. 바로 집단이 효율적으로 작동되기 위한 '사회적 분노'가 출현한 것이다.

사회적 분노는 같은 편에게 작동하는 분노다. 적대적 분노는 생존을 위해 다른 종을 사냥할 때 주로 작동하지만, 동종끼리의 생명을 담보로 한 과격한 분노 행위는 수컷들의 짝짓기 철에만 일시적으로 작동한다. 사회적 분노로 서열이 만들어지고, 집단은 질서가 생겨 효율적으로 운영된다. 사회적 분노는 우두머리 수컷을 선출하고, 집단이 유기적으로 움직일 수 있게 한다.

집단에서 분노는 서로 간 관계를 조정하는 역할을 한다. 서열에 의한 분노는 응징과 복종을 바탕으로 한 질서를 만든다. 같은 계급 개체 간에 갈등이 생겼을 때도 분노가 작동하는데, 이 분노는 갈등이 해결되어야 사라지며 그제야 집단은 하나처럼 유기적으로 움직일 수 있다. 이것이 사회적 분노다.

☼ 분노의 진화 : 소통을 위한 분노의 출현

고등 동물에게 감정이 생기면서 육체적 요소인 폭력과 함께 화와 같은 정신적인 요소가 진화한다. 인간의 언어가 진화하면서 분노를 마음으로 인지하게 된다. 생존을 위한 적대적 분노는 인지 혁명으로 동물 세계를 정복한 이후 인간 삶에서 점차 그 비중이 줄어들게 된다. 그렇다면 현재 우리가 느끼는 화는 무엇일까? 이제 마트에 가면 쉽게 음식을 구할 수 있으니 사냥하기 위해 분노를 사용할 필요는 사라졌다. 생활 속의 분노는 더 이상 생명을 담보로 하지는 않지만, 대신 너무 많고 광범위하여 숨이 막힐 지경이다. 매일이 갈등과 분노의 연속이고, 내가 화내지 않으면 상대의 화를 받고 사니 말이다.

이렇게 많은 화가 표출되는 것은 정교한 소통을 위해서다.

집단과 사회가 제대로 기능하기 위해서는 개인 간 소통이 전적으로 필요하다. 정교한 소통을 위해 갈등은 필연적이고, 이를 해결하는 과정에 분노가 관여한다. 같은 집단 내에서의 분노는 파괴를 위한 적대적 분노가 아니라 소통이라는 최종 목표를 위한 분노다. 즉 관계를 위한 분노다. 언어가 강력한 소통 수단으로 진화된 후 인간은 언어로 분노를 전달하게 되었고, 이 과정에서 화에 인지적 요소가 더해졌다. 이로써 '무엇 때문에 화가 났다'라는 화에 대한 '생각'이 출현하게 된 것이다.

☼ 분노의 인지적 요소

이제는 이 '생각', 즉 화의 인지적 요소가 인간의 분노 발현에 관여한다. 인간의 뇌는 사회적 관계에서 분노가 만들어지는 정당함, 서로에 대한 의무, 적절한 대우 여부, 상대의 태도에 대한 불만 등을 판단한다. 개인의 환경과 문화, 기질과 성격에 따라 부당함에 대해 인지하는 바가 달라서, 화의 정도는 개인의 인지적 요소에 따라 다르게 결정된다.

사회화는 '사랑'이 출현함으로써 이뤄졌다. 사랑은 소통하며 행복을 느끼게 해 관계를 결속시키는 역할을 하는데, 이 소통에 결함이 있을 때 사회적 분노가 발생한다. 이 결함을 결정하는 것이 각 개인의 인지적 분노다. 사회가 발전할수록 이 결함이 무한정 발생하고, 인간은 이를 조정해 가는 장치를 지속해서 만든다. 국가, 다양한 정치 체계, 수많은 법률과 제도가 이에 속한다. 그래도 문제는 계속된다.

개인도 마찬가지다. 개인 간 분노는 그 원인을 찾기 어렵다. 개인의 내면에서 일어나는 인지적 분노를 상대가 아는 것은 불가능하기 때문이다. 동시에 복잡한 생각 속에 존재하므로 화를 내는 당사자도 왜 화가 나는지 설명하지 못할 때도 있다. 그래서 자신이 왜 화가 났는지, 상대의 화는 무엇 때문인지 아는 것이 필요하다. 즉 말로 표현될 수 있어야 한다.

☀ 사라지지 않는 인간의 파괴적 행위

먹고 살기 위한 적대적 폭력은 사라졌지만 다른 형태의 적대적 폭력이 존재하는데, 바로 인간 사회에서 벌어지는 전쟁이다. 전쟁은 동물의 적대적 폭력보다 훨씬 더 파괴적이다. 그 밖에 강도, 살인, 테러 같은 파괴적 폭력이 난무하고 학교와 가정, 직장에서의 끔찍한 괴롭힘이나 외도와 사기 같은 분노 유발 행위가 사회 전반에서 끊임없이 벌어진다.

환경에서 살아남기 위한 생존적 분노

분노는 생존을 위한 감정이다. 분노가 사랑보다 먼저 출현한 이유는 먹이를 얻고 포식자에게 대항하기 위해서였다. 인간의 화 이전부터 존재했던 생존 분노 행위는 생명을 담보로 하기에 공격성과 폭력성이 강했다.

☀ 공격당하는 상황에 대한 분노

먹이 사냥에서 공격과 방어를 할 때는 생명을 담보로 한다. 생명의 위협을 느끼므로 극단적으로 폭력이 동반된다. 하지만 현대인들은 먹이를 구하기 위해 폭력을 사용하지는 않는다. 지능이 월등해지고 집단이 커지면서 동물과의 경쟁은 무의미해졌다. 인간에게 위협적인 존재는 같은 인간밖에 없지만, 인간 간 전쟁과 폭력은 문명의 발전과 더불어 점점 더 위험해지고 있다.

인간 사회는 작은 집단이 큰 사회가 되고, 왕국과 국가로 확대되면서 끊임없이 전쟁을 겪어 왔다. 역사상 전쟁이 없던 시기는 거의 없었지만, 현대로 접어들어 전쟁으로 인한 이익이 손실을 넘어서지 못하면서 전면적인 전쟁은 거의 사라졌다. 원자폭탄이 개발된 후 역설적으로 큰 전쟁은 일어나지 않았고, 일어날 가능성도 줄어들었다. 개인의 폭력도 국가의 강력한 법적 규제를 받게 되었다.

그러나 물리적인 폭력은 줄었어도 공격성과 분노는 여전하다. 공격성은 대부분 심리적 영역에서 화의 형태로 분출된다.

물리적 공격 대신 화와 짜증 그리고 신경질이 인간 삶에 넘쳐난다. 불만, 욕설, 비난이 대표적인 예인데, 들으면 물리적 공격을 당했을 때처럼 반작용의 분노가 치민다. 충돌은 대부분 말로 시작하는데, "넌 인간으로서 가치가 없다" 같은 말이다.

이런 말은 관계에서 쉬지 않고 발생한다. 냉소, 경멸, 냉대, 깔봄 등과 같이 직접적인 분노의 형태를 취하지 않는 것도 공격적 요소에 포함된다. 관계에서의 불공정, 교류의 불안정과 불통에 의한 불만도 공격적이라고 인식될 수 있다. 기분 나쁘다고 느끼는 대부분의 정서는 이처럼 '공격당함'에 대한 반응이라고 볼 수 있다. 즉 분노를 일으키는 공격성은 물리적인 면보다 심리적인 면이 대부분을 차지한다.

☼ 행동 제한에 따른 분노

인간도 행동을 제한받으면 주체할 수 없는 분노를 느끼며 폭력성을 드러낸다. 동물에게 있어 지속적인 행동의 제한은 궁극적으로 죽음에 이르는 것이다. 이는 본능적 공포로, 행동을 제한당하는 것만큼 큰 공포는 없다. 절망적인 곳에 갇힌 동물은 빠져나오기 위해 온갖 수단을 동원한다. 덫에 걸리면 신체 일부가 손상된다 해도 안간힘을 쓰며 발버둥 친다. 영락없는 극단적 분노 행위다.

인간은 '하고 싶은 것을 못 하게 자율성을 침해하는 것'도 행동 제한으로 인식한다. 가장 무서운 벌 중 하나가 행동을 제한하는 것인데, 처음에는 체벌보다 나을 것 같지만 시간이 지날수록 가혹한 고통을 느끼게 된다. 그런데 행동 제한은 생활 속에서 흔하게 볼 수 있다. 규칙에 의해서나 다른 사람도 같이한다면 순순히 받아들이기 때문에 충돌이 일어나지 않는다. 줄 서서 차례를 기다리고, 가만히 앉아 수업을 듣고, 회사에서 정해진 시간 동안 일하는 것이 그 예다.

하지만 그 제한이 자신에게만 적용되거나, 공정하지 않다면 그 분노는 엄청난 폭력성을 동반할 수 있다. 게임을 하는 아들과 엄마는 오늘도 실랑이를 벌인다. 중간고사가 얼마 남지 않았는데 약속을 어기고 또 컴퓨터를 켜니 말이다. 엄마가 방에 들어오건 말건 아들은 게임만 계속한다. 엄마가 화가 나서 가위로 컴퓨터 전선을 끊어 버리자 순간 분노한 아들이 달려들어 엄마의 배를 발로 찼다. 순하던 아들이 어떻게 이런 행위를 할 수 있을까? 집안은 난리가 났다.

아들이 변하기 시작한 것은 사춘기부터였다. 형보다 말 잘 듣는 착한 아들이었다. 부모는 큰아들이 말을 듣지 않으면 포기하고 받아들였지만, 순한 둘째에게는 달랐다. 형은 잘못해도 그냥 놔두면서 왜 자기에게만 박하게 대하냐며 둘째 아들은 분을 삭이지 못했다.

아들의 분노는 행동 제한에서 비롯된 것으로 여기에 불공정까지 더해져 더 극단적인 결과가 나타났다. 행동 제한은 자율성에 손상을 주어 극단적 분노를 불러일으킬 수 있다. 일찍 들어오라는 것, 친구와의 여행을 막는 것, 술 마시는 걸 금지하는 것, 여자 친구와 결혼을 허락하지 않는 것 등이 다 행동 제한이다.

성인의 경우를 보자. 부인이 남편에게 이번 주말 약속을 잡지 말라고 한다. 선약이 있는 남편에게 오늘 약속을 취소하고 집에 오라고도 한다. 이 경우 남성들은 부인이 자신의 행동을 제한하는 것을 받아들이기 어려워한다. 직장에서야 그렇다 쳐도 집에서까지 통제받는 상황이 견디기 힘들다는 것이다. 행동 제한이라고 받아들이면 본능적 분노를 느낄 수 있다.

자율성과 관련 있는 행동에 대한 제한은 남성이 여성보다 더 견디지 못한다. 원인을 정확히 인식하지 못하면서 분노를 터트리는 경우도 많다. 하지만 그동안 남편이 바빠서 같이 못 지냈으니 이번 주말은 같이 지내자든지, 약속이 있지만 아이가 아프니 오늘만 일찍 들어오라고 하면 행동 제한이 아니라고 인식할 수 있다.

부부는 가장 친밀한 관계이기 때문에 서로에 대한 행동 제한이 있을 수밖에 없다. 하지만 행동 제한은 본능적 분노를 일으키므로 상황의 자초지종을 알기 전에 분노가 작동될 수 있다. 그래서 남성들은 무엇 때문에 화가 났는지도 모르면서 무작정 화나서 견딜 수 없다는 것만 강조하기도 한다. 설명하기 어려운 화가 났다면 이에 해당할지 모르므로, 주고받은 말에 행동 제한적 요소가 있는지 서로 살펴보는 것도 한 방법이다.

☼ 효율적이지 않은 자신에 대한 분노

분노는 본래 상대를 향한다. 자신을 공격하거나 행동을 제한하는 대상을 향한 감정이다. 하지만 자신을 인식하고 과거의 기억이 축적되면서, 인간은 자기 행동을 평가하는 과정에서 '자책'이라는 감정을 갖게 되었다. 생존에 위협을 줄 정도로 효율적이지 않게 행동한 탓에 스스로 위험에 빠질 뻔했다고 판단되면 자신에 대한 분노 감정이 생기는 것이다.

생존 세계에서 잘못된 판단은 생명을 잃는 결과를 초래할 수 있다. 그래서 인간은 늘 자기 행동을 본능적으로 점검한다. 잘못된 행동을 한 자신에게 분노로 자책하여 다음에 그런 행동을 할 가능성을 줄이는 것이다. 예컨대 집 계약을 하면서 하자가 있는 것을 발견하지 못했을 때 엄청난 자책을 하듯이, 중요한 일에 잘못된 판단을 하거나 실수나 나태함이 초래한 부정적 결과를 참지 못한다. 자신에 대한 이런 자책과 분노는 의외로 가혹한데, 자신뿐 아니라 가족 또는 집단을 위험하게 만들 수 있기 때문이다. 그래서 사람들은 행동하고 결정을 내릴 때 매 순간 자신을 점검한다. 효율적이지 않은 자신에 대한 분노 때문에 자신을 24시간 감시하며 사는 셈이다.

지금까지 살펴본 생존적 분노들은 위협적인 공격을 막고, 행동을 제한받지 않아 생명을 유지하고, 자신을 수시로 점검하게 해 효율적인 삶을 살게 한다. 동물의 근원적인 삶, 즉 먹이를 먹고, 위험으로부터 자신을 보호하고, 자손을 낳아 번식하는 것에서 유래한 감정이다. 생존하기 위해 작동되는 분노는 사회생활을 위한 사회적 분노와는 구별되는 개인적 분노다. 생명과 관련된 근원적인 분노로, 사회적 분노보다 폭력적인 성향이 더 크다.

관계에서 발현되는 사회적 분노

☀ 관계의 성립과 분노

인간이 사회적 동물로 진화하면서 분노도 진화했다. 사회적 동물은 구성원과 관계 맺고 소통하는 것이 생존에 가장 필수적 요소다. 아기는 엄마와 접촉 없이 생명을 유지하기 어렵다. 이 시기의 아기에게 부모의 사랑은 삶의 전부다. 또, 남편의 사랑을 받지 못한 여성은 메마른 식물처럼 시들어간다. 외로움은 마음의 건강을 해치는 가장 무서운 적이다. 인간은 홀로 살 수 없기 때문이다.

하지만 관계에서 어느 순간 자신도 모르게 화날 때가 있다.

상대가 져야 할 의무를 지지 않는다고 뇌가 인식하면 분노가 자동으로 작동한다. 관계가 만들어지면 어떻게 분노가 생성되는지, 연인의 초기 만남 과정을 살펴보며 그 과정을 알아보자. 관계가 형성되면 인간은 무의식적으로 상대에게 무엇을 기대할까? 그것이 이뤄지지 않을 때 마음은 어떻게 작동할까?

연인들의 첫 만남과 마음의 작동

사람들은 첫 만남에서 어떤 대접을 받아야 하는지를 중요하게 여긴다. 연인들의 경우가 대표적이다. 적절한 대우를 받지 못하면 본인이 기분 상하는 것은 물론이고, 이를 전해 들은 주변인들도 같은 평가를 한다. 이는 만남을 이어갈지 말지를 결정하는 중요한 역할을 한다. 처음 만날 때 본능적 끌림도 중요하지만, 어떤 대우를 받았는지에 대한 의식적 무의식적 평가가 연인 관계로 발전할지 말지를 결정한다. 그 평가는 주관적일 뿐 아니라 합의한 바도 없다. 문제는 그 중요한 관계가 이렇게 결정된다는 것이다.

이때 여성은 어떤 대우를 받았느냐가, 남성은 상대가 얼마나 호의적 반응을 보였느냐가 주요 기준이 되곤 한다. 관계가 성사되면 이 단계에서의 태도가 서로의 인상에 결정적 영향을 끼친다. 그러므로 초기 만남의 미흡함은 빨리 해결하는 것이 좋다. 상대가 마음에 들면 적극적으로 다가가야 한다. 거절이 두려워 남성이 소심하게 대했다면 이젠 당당하게 제안해 보자. 그렇지 않으면 후에 그런 자신에게 분노할 수 있다. 여성은 받고 싶은 대우를 명확히 밝히고 미흡한 부분은 상대가 알 수 있게 표현해야 한다. 이 사랑의 과정이 결혼 생활의 행복을 결정하고, 긍정적인 정서의 대부분을 차지하게 된다. 이 과정을 명확하게 인식해야 한다.

친밀할수록 커지는 의무

아무런 관계도 없는 상대에게는 감정이 생기지 않는다. 관계가 없으면 의무도 없다. 그러나 관계가 생기면 달라진다. 그에 따른 의무가 반드시 생기고, 이는 문화와 성격에 따라 다르게 결정된다. 처음엔 일반적인 관계의 의무부터 시작한다. 시간을 지키는지, 최소한의 예의는 지키는지와 같은 것이다. 그런데 관계가 이뤄지고 난 후에는 달라진다. 한 예로 약속 장소가 문제 되기도 하는데, 부부 상담을 받던 부인이 결혼 전 약속 장소를 늘 남편 집 근처로 정했던 것을 기억해 낸 일이 있다. 자기주장을 잘 못하는 부인은 당시에는 이를 문제 삼지 않았었지만, 분노의 원인이 불공정한 관계였음이 드러나자 이를 떠올렸다. 무의식에 강하게 잠재돼 있었던 것이다.

연인 사이가 되면 요구도 커진다. 얼마나 자주 연락하는지, 집까지 데려다주는지, 지나가다 다른 이성을 쳐다보는지, 여자 친구를 보호하는 행동을 하는지 등 수많은 영역에서 상대를 배려하거나 배려받지 못한 행동들이 무의식적으로 평가된다. 이전에는 문제 되지 않았던 행동도 불만으로 인식해 분노를 일으킬 수 있다. 상대에 대한 의무와 동시에 권리가 의식의 통제를 벗어나 만들어지기 시작하는 것이다. 상대가 자주 연락하지 않으면 화가 나고, 배려해 주는데도 고마워하지 않으면 서운한 마음이 든다. 더 같이 있고 싶은데 귀찮은 듯이 집에 가라고 하면 섭섭함을 넘어 화가 나기도 한다.

친해질수록 독점적이고 배타적인 관계는 점점 더 강해진다. 남자 친구가 자기보다 어머니를 더 위하는 말을 하면 화가 나고, 여자 친구가 자기 가족을 나열하면서 자신만 빼면 섭섭하다. 가족 구성원보다 더 대우받기를 바라는 것이다. 다른 이성과의 만남은 절대 용납 불가라서, 이성에게 친절한 행동을 하거나 지나가는 이성을 쳐다보는 것도 허용하지 못한다.

그런데 그 기준이 천차만별이고 판단도 주관적이어서 자칫하면 갈등으로 이어질 수 있다. 부인들이 갖는 흔한 불만 중 하나가 주변에 이성이 있으면 남편 눈빛이 달라진다는 것이다. 부인 친구건, 백화점 여직원이건, 해외여행에서 만난 여성 가이드이건 넋을 놓고 쳐다본다고 한다. 그런 행동을 주변에서 알게 될까 봐 더 화가 난다고도 한다. 이로 인한 갈등은 조정될 수 있을까? 판단 기준이 단지 눈빛인데 말이다.

연인 사이가 되면 관계에 의무가 지워질 수밖에 없지만, 그 내용까지 규정하지는 않는다. 세세하게 규정하는 것 자체가 불가능하다. 관계의 의무는 존재하지만, 지극히 주관적이어서 상대가 감지하기 어려워 화를 알아채는 건 쉽지 않다. 그래서 연인들 간의 화가 객관적이지 않을 때는 '상대가 예측할 수도 없는 아픔'이라고 설명하는 것이 소통에 도움이 될 수도 있다.

물건을 흥정하는 순간에도 서로 속이지 않는다거나 사지 않을 물건은 함부로 다루지 않는 것 같은 의무와 권리가 성립되듯이, 모든 관계에는 서로 지켜야 할 의무와 권리가 있다. 그 기준이 되는 것이 공정으로, 이는 친밀한 관계에서도 일반적으로 지켜야 할 가장 중요한 덕목이다.

친밀한 정도에 따라 의무와 권리는 무한대로 커진다. 사귀기 전과 후의 관계는 하늘과 땅만큼 차이가 난다. 부모는 자식을 위해 목숨을 버릴 수도 있지만, 친구와 상인에게는 그 정도의 의무를 기대하지 않는다. 부모에게 바라는 것과 배우자에게 바라는 대우도 다르다. 친밀함은 세월에 따라 달라지는데, 그렇다면 관계의 의무와 권리도 달라져야 한다. 부모의 사랑과 가르침을 당연하게 받아들이던 아이가 성인이 되면 부모의 영향에서 벗어나듯이, 관계의 양상이 달라지면 그에 해당하는 권리와 의무도 변모해야 하는 것이다. 부부 사이도 마찬가지다.

관계가 성립된 후의 분노

✧ 불공정한 관계에서 오는 분노

관계가 성립되는 순간, 권리와 의무가 동시에 작동된다. 합의된 듯이 행동하지만 실상 그 내용은 극히 주관적이다. 서로 생각하는 권리와 의무가 달라 기준이 다른 셈이다. 그런데도 각자의 기준에 맞지 않으면 불공정하다고 인식하고, 부정적인 감정이 뒤따른다. 관계에는 공정함이 절대 변수다. 공정함의 요구는 사회에서 자기를 지키기 위한 최소한의 요구일 수 있다.

관계가 불공정하면 소통이 불완전해진다. 사회가 몸이라면 구성원은 세포 하나라 할 수 있다. 세포 사이의 교류에 문제가 생기면 몸이 병들듯이 구성원의 소통과 교류에 문제가 생기면 사회는 제대로 기능할 수 없다. 인간은 자신의 사회를 해치는 행위에 본능적으로 분노한다. 분노는 개인이 불공정한 대우를 받지 않기 위해 나오지만, 사회가 올바른 기능을 하기 위해 작동하기도 한다. 개인의 분노이면서 동시에 사회를 위한 것이란 말이다. 역사는 인간의 불공정을 교정해 온 과정으로 볼 수 있다. 개인은 국가를 위해 권리를 양도하고, 국가는 공정한 질서를 지켜 왔다. 이를 위해 법과 같은 사회적 장치와 예의범절 같은 문화를 발전시켜 왔다.

사회 발전은 개인의 권리 신장과 함께했다. 계급이 없어지고, 남녀 차이나 지위에 따른 불평등이 평등한 관계로 이행됐다. 발전을 위한 필연적인 과정으로, 현대 사회에서 공정함은 개인의 억울함을 줄이는 동시에, 사회가 효율적으로 기능하게 만든다. 그래서 가장 중요한 사회적 덕목은 공정함이라는 시민 의식이 생긴 것이다. 공정함은 주관적으로 규정해서는 안 된다. 다양한 축의 무한한 공정함이 존재하기에 객관성이 담보되어야 한다. 그런데 개인은 각자 주관적 공정함을 갖고 있으므로, 국가 기능이 이를 어떻게 조정하느냐가 중요하다.

공정함에는 도덕성과 친밀함이란 두 축이 있다. 도덕성에 대한 공정함은 거짓말과 사기 같은 사회관계에서 작동하고, 친밀함에 대한 공정함은 친밀한 정도에 따라 작동된다. 부인이 아픈데 남편은 놀러 간다면 친밀한 관계에 상처를 주는 불공정이며, 이는 배려의 문제이기도 하다. 친밀한 정도에 따라 요구되는 배려의 정도가 다르며, 기준에 미치지 못하면 공정하지 않다고 인식하게 되는 것이다.

공정함에 대한 또 다른 관점은, 개인이 주관적으로 느끼는 공정함을 상대에게 적용할 수 있느냐다. 공정을 위해서는 이 주관적인 관점이 상대에게 정당성을 인정받는 게 중요하다. 선의의 거짓말은 공정하다고 해야 할까, 불공정하다고 해야 할까? 집안을 어느 정도 어지럽혀야 잘못이라고 할 수 있을까? 일주일에 몇 번 이내로 친구를 만나면 불공정하다고 볼 수 있을까?

각자가 느끼는 불공정의 영역은 너무나도 다양하다. 그래서 관계에서의 공정이 중요한 독점적 관계인 부부는, 각자가 불공정하다고 여기는 부분에 대해 확실한 합의를 이뤄야 한다. 서로 받아들일 수 있는 합의를 이뤄야 공정함이 실현될 수 있다. 공정함은 주관적이지만 합의를 이루면 객관성을 획득한다. 그래야만 부부 사이에 진정한 소통이 가능하고, 이것이 행복의 원천이 된다.

☀ 불통의 관계에서 오는 분노

불공정함이 불완전한 소통을 만든다면, 불통은 소통 자체가 없는 것이다. 밤 10시 이후엔 딸을 절대로 외출하지 못하게 하는 가부장적 가치관을 가진 아버지가 있었다. 곧 국제고등학교를 졸업하게 될 딸이 졸업 파티에 참석해야 하는데, 허락하지 않았다. 대학 입학이 결정되었는데도 아버지는 막무가내였다. 고등학생이 파티로 늦게 다니는 것을 용납할 수 없다는 것이었다.

딸은 졸업 파티에 가지 않거나, 몰래 가는 것 둘 중 하나를 선택해야 했다. 못 간다면 행동 제한이라는 본능적 분노를 느낄 것이고, 간다면 아버지의 가혹한 처벌을 감수해야 한다. 친구들은 아무 제약 없이 가는 파티가 자신에게는 고통을 주는 선택지가 돼 버렸다. 학교 행사에 참여하는 일이 아버지에게 불효하는 일이 된 것이다. 다른 사람들과는 너무도 다른, 아버지의 불통 때문이다.

이처럼 불통의 관계는 생활 속에 의외로 많고, 그 결과 역시 치명적이다. 강압적인 경우만 있는 건 아니다. 한 여성은 자녀가 자기 뜻에 따르지 않았다고 식음을 전폐하고 대화를 단절했다. 이것도 불통이다. 객관적인 이유가 있다면 덜하겠지만, 어머니만의 독특한 성향으로 반대한다면 결과는 극단으로 치닫게 된다. 이런 일은 자녀의 결혼 문제와 관련해서 흔하게 발생한다. 결혼을 무조건 반대하는 이유를 자녀가 받아들일 수 없는 경우가 많다. 인상이 세 보여서, 말하는 태도가 마음에 안 들어서, 집안이 별로여서, 사주가 나쁘게 나와서 결혼을 반대한다. 대표적인 불통의 예다.

갈등은 있을 수 있다. 하지만 소통을 거부한 채 조정할 기회를 주지 않는다면 이는 불통일 수밖에 없다. 부모가 결혼을 앞둔 자녀를 독립된 성인으로 인정하지 않는 것이다. 그 분노는 극단적이고 타협의 여지가 없어 파괴적인 결과를 초래할 수 있다. 자녀도 단절이라는 또 다른 불통을 선택할 수밖에 없기 때문이다. 대화를 전면 거부하고 마음대로 하거나, 인생에서 결혼 자체를 포기해 버릴 수도 있다.

대화가 단절된 관계는 쉽게 회복되지 않는다. 불통에 의한 분노는 극단적이기에, 어떤 분노보다도 커질 수 있다. 전면 부정당했기 때문이다. 불통은 또 다른 불통을 야기한다. 일상에서도 불통은 여러 형태로 나타난다. 묻는 말에 대답하지 않는 것, 아무리 설명해도 알아듣지 못하는 것, 말하는데 집중하지 않는 것, 설명하니 딴소리하는 것 등인데 이때 분노가 솟구친다. 소통이 행복을 준다면, 불통은 정반대로 짜증과 분노를 유발한다. 행복을 주는 교류의 호르몬이 완전히 차단되기 때문이다.

가장 악성의 불통은 폭력을 동반하는 경우다. 성폭행이나 성추행이 대표적인 예다. 이는 참을 수 없는 성적 모욕과 수치심까지 주며, 강압적인 성적 행위는 전형적인 불통에 의한 분노를 일으킨다. 지위와 무력을 사용한 갑질도 마찬가지다. 상사가 시키는 일을 무조건 하라는 것도 불통이다. 사춘기 갈등으로 아들과 아버지가 한집에 살면서 서로를 피하는 것과 대화가 단절된 부부도 흔한 불통의 예다. 이처럼 친밀한 관계 속에 불통이 의외로 많다.

생존형 분노에서 파생된 관계적 분노

☀ 다름과 차이에서 오는 분노

새로 부임한 선임은 피곤한 사람이다. 걱정이 너무 많고 불필요한 것에 신경을 쓴다. 같이 출장을 가는데 숙소 예약부터 잔소리가 많다. 매번 가는 곳이고 단골 숙소가 있어 예약하지 않았는데 그걸 가지고 운전하는 내내 타박이다. 자신이 운전하지도 않으면서 내 운전 방식이 마음에 안 드는 모양이다. 천천히 가도 되는데 아침부터 난리 쳐서 쓸데없이 일찍 도착했다. 그런데 평소에는 한가하던 숙소가 하필 지역 축제가 있어 빈방이 없다는 것이다. 지금까지 이런 일은 한 번도 없었는데, 난감한 노릇이다.

다른 성향을 지닌 상대와 무언가를 같이 해야 할 때, 그가 자신과 다른 결정을 내리면 뇌는 순간적으로 그것을 잘못되고 위험한 결정이라고 인식할 수 있다. 효율적인 자신과 다른, 위험하고 비효율적 판단으로 받아들이기 때문이다. 상대의 운전 방식을 사고 내기 쉬운 방식으로 판단하는 것이다. 그러면 그런 결정을 한 상대를 향해 다름에 의한 생존적 분노를 품게 된다.

부부 사이는 이 '다름에 의한' 일이 더 강하게, 더 많이 일어난다. 전세금을 올려 줘야 하는데 다행히 저축한 돈이 있다. 그런데 남편이 좋은 정보가 있다고 주식을 산다는 것이다. 반대해도 막무가내다. 전에 친구가 권해 대출받아 투자했다가 성공한 적도 있지만, 그 후 주식으로 다 말아먹었다. 부인은 이혼하겠다고 강하게 대응했는데, 남편은 이미 주식을 사 버렸다. 두 사람은 이런 식으로 사사건건 충돌해 왔다.

부인은 안전하게 내비게이션을 따라가는 사람이고, 남편은 어떻게든 새로운 길을 찾아가는 것을 좋아했다. 어느 길로 갈지를 두고도 부부는 늘 충돌했다. 어느 날 남편이 고집을 꺾지 않아 산길로 갔다. 가는 내내 부인은 화가 나서 툴툴거렸지만, 그날은 성공했다. 시간도 단축했고 군대 생활을 그곳에서 한 남편이 경치 좋고 빠른 길을 찾아낸 데다 도중에 들른 식당의 음식 맛도 일품이었다.

사람들은 자신의 결정이 옳다고 생각하는 경향이 있다. 당연한 일이다. 현재를 살고 있는 우리는 생존 결정에 성공한 인류의 후손으로 늘 옳은 결정을 하려 하고, 검정하고 살아왔기 때문이다. 그러한 방식으로 역경을 이기고 현재까지 무난하게 살아왔다면 자신의 판단이 생존에 적합하다고 인식하는 건 당연하다. 그만큼 생존 방법을 고민하고 해결하며 정교하게 키워 왔을 것이다. 주변 사람들의 평가가 좋거나 사회적으로 능력을 인정받는 사람일수록 자신의 결정이 절대적으로 옳다고 여긴다. 다른 결정은 자신을 위험하게 할 확률이 높다고 판단하는 것이다.

그래서 어떤 이들은 자신과 다른 결정을 절대로 받아들이려 하지 않는다. 사회적으로 성공한 사업가는 회사 운영 방식이 전근대적이라는 주위의 권고도 절대 받아들이지 않는다. 이들은 자기 고집대로 결정해 일을 그르쳐도 미안해하거나 교정하려고 들지 않는다. 한 번의 실수는 생명에 지장이 없는 한 별일이 아니라고 여기기 때문이다. 고수해 온 자신의 방식이 우세하다는 인식을 굽히지 않는다. 해 보지 않았던 다른 결정 방식은 자신을 위협하는 것으로 인식한다. 위험하거나 효율적인 삶을 해치는 것으로 생각하고, 그런 결정을 고집하는 타인에게 분노를 품게 된다. '자신이 옳다'는 신념은 '자신이 하는 모든 것이 옳다'는 생각으로 확대 편향되고, 이는 주변 사람들에게 '자기 뜻대로만 하려는 고집스러운 사람'으로 비칠 수 있다.

모든 부부는 매일의 삶에서 이런 갈등을 겪는다. 충분한 저축으로 미래를 대비하자는 주장과, 늘 대비만 하다가 돌아가신 부모와 달리 자신은 누리면서 살겠다는 주장이 충돌한다. 위험하지 않은 삶을 살고 싶은 부인과, 새롭고 재미있게 살자는 남편도 늘 충돌한다. 아이를 자유롭게 키우자는 주장과, 남에게 피해 주지 않는 아이로 키우자는 대립도 마찬가지다. 삶의 방식 차이다. 다름이지 잘못이 아니다.

자신이 옳다는 주장도 틀린 건 아니다. 모든 사람은 다 자기 생각이 객관성 있고 타당하다고 생각한다. 누구 말이 옳은지 나가서 물어보자고 싸우는 부부도 있다. 두 사람 다 옳을 수 있다. 상대의 주장 또한 옳다는 사실을 받아들여야 한다. 지구에 70억 인구가 있듯 사는 방식 또한 70억 가지가 있을 수 있다. 자신이 성공적으로 살아왔기에 타인의 판단은 잘못됐다는 사고방식은 옳지 않다.

자신의 방식만 옳을 수는 없다. 꼼꼼한 사람은 일을 실수 없이 잘하는 장점이 있지만, 일 처리가 늦어 비효율적일 수 있다. 너무 많은 영역에서 그냥 지나치지 못하기 때문이다. 집안이 깨끗한 것은 좋지만 늘 깨끗하게 유지하기 위해서는 에너지 소비를 많이 해야 한다. 인간의 뇌는 효율적으로 일을 처리하기 위해 정해진 정보만큼 일한다. 뇌가 한 곳에 에너지를 많이 쓰면 그만큼 다른 기능을 할 수 없게 된다.

부모는 방 청소가 중요하지만, 아이들은 그 시간에 친구와 대화하거나 휴식하는 것이 더 좋다고 여길 수 있다. 나이와 처한 상황에 따라 해야 하는 우선순위가 다르다. 부부도 마찬가지다. 꼼꼼한 사람이 일 처리를 잘하지만, 대충하는 사람의 장점도 있다. 중요하지 않다고 생각하는 분야에는 머리를 쓰지 않지만, 흥미 있는 곳에 집중할 때의 몰입도는 더 높다. 서로 잘하는 영역이 다른 것이다. 성향이 다른 사람들이 많을수록 그 사회는 경쟁력이 있다. 미지의 상황이 닥쳤을 때 그에 대처할 다양한 방법을 가진 사람들이 존재해야 그 사회는 위기를 극복할 수 있다. 동일한 성향의 사람들만 있는 사회는 정체될 수밖에 없다. 자녀는 부모와 달라야 하며, 그만의 다름을 존중받아야 다양하고 풍족한 세상이 될 수 있다.

부부가 서로 다른 성향일 때 삶의 방식은 셋 중 하나일 것이다. 첫째는 매일 서로 자기가 옳다고 싸우는 삶이다. 화합은 기대할 수 없다. 두 번째는 한쪽이 강해 그 뜻대로만 사는 삶이다. 일 처리는 일사불란하겠지만, 배우자는 우울과 울분이 쌓인다. 마지막이 서로 다른 성향을 존중하고, 때에 따라 적절한 방식으로 대처하며 사는 삶이다. 아이가 아프면 너그럽게 받아 주는 배우자가, 나태하면 엄한 배우자가 나서는 것이다. 이런 협조는 그 가정의 문제 해결 능력을 높인다. 한 성향으로만 살아온 사람이 전혀 다른 성향을 받아들임으로써 두 가지 인생을 경험할 수 있다. 인간이 여행을 좋아하는 것은 다른 삶을 볼 수 있기 때문이다. 배우자를 만나서 자기 안에 갇힌 삶에서 벗어나 다른 삶을 존중하고 받아들이면 두 배로 풍요롭게 살 수 있다.

자신이 훌륭한 삶을 살아온 것은 맞다. 출중한 뇌를 가진 조상을 두었던 것도 맞다. 하지만 배우자도 그만큼 우월한 유전자를 타고났음을 인정해야 한다. 자기주장만 고집하는 사람은 우월해서가 아니라 남을 보는 눈이 없어서이다. 이해할 능력도 믿을 수 있는 능력도 없다면 정신적 성숙도가 낮은 것이다. 늘 '내가 옳아!'라고 생각하는 사람들이 고민해 봐야 할 주제다.

☀ 비효율적으로 행동한 내 편을 향한 가혹한 분노

시험 전날 조금만 자고 공부하겠다던 아이가 늦잠을 자는 바람에 시험을 망친다. 위험성을 경고했는데도 듣지 않고 자 버린 아이에게 부모는 화가 난다. 성적이 나온 날 축 처진 어깨로 들어온 아이에게 엄마는 소리를 친다. 자식이 잘못하거나 못마땅할 때 부모는 인내심을 잃는다. 게임만 하고, 핸드폰만 붙잡고, 휴일에 잠만 자고, 벼락치기만 하고, 종일 거울만 쳐다보는 아이들……. 조금만 더하면 좋을 텐데, 그렇지 않은 자녀를 보면 안타까움을 넘어 화가 치민다.

성적이 저조하면 가장 마음 상하는 사람은 아이일 것이다. 그런데 아이는 위로는커녕 부모에게 뼈아픈 질타를 받는다. 아이를 한 번 더 아프게 하는 것이다. 그런데 부모는 자녀에게 큰 상처를 주었다는 사실을 별로 인식하지 못한다. 이유는 두 가지다. 첫째는 자신을 자책할 때와 같은 분노이고, 둘째는 아이를 사랑하는 마음에서 비롯된 분노이기 때문이다.

그러나 그 분노가 자녀 인생의 중요한 분기점에서 일어났다면 아이는 평생 지워지지 않는 상처를 입는다. 실수로 대학입시에 떨어진 날, 엄마가 경멸에 찬 눈빛으로 화를 냈다면 그 끔찍한 기억은 상처가 되어 머릿속에 각인될 것이다. 부모는 자식을 아프게 하려는 목적으로 그런 건 아니기 때문에, 자신들은 여기에 해당하지 않는다고 생각한다. 그러나 이런 일은 거의 모든 부모 자식 관계에서 일어난다. 부모의 감정적 반응이 강렬하거나 자주 일어났다면, 자녀들로서는 자식의 아픔에는 둔감하면서 자기 욕심이 채워지지 않았다고 화를 내는 이기적인 부모로 인식할 수 있다.

여섯 살짜리 아들을 강한 남자로 키우고 싶은 젊은 아빠가 있었다. 울면 안 되고, 가족을 책임져야 하고, 동생과 싸우면 안 되고, 여자인 엄마를 보호해야 한다고 가르쳤다. 그런 이유로 아이는 어른스럽게 자랐다. 하지만 아빠가 무서워 동생이 대들어도 참기만 했고, 아파도 아빠가 옆에 있으면 울음을 참아야 했다. 여섯 살짜리에게 왜 그런 교육을 시키는지, 부인은 남편을 이해할 수 없었다.

이유가 있었다. 남편은 어려서부터 형과 사이가 좋지 않았다. 아버지가 일찍 세상을 떠난 뒤 중학생이던 형은 친구들과 어울리며 몹쓸 짓을 하고 다녔다. 사고만 치는 형과 그런 형 때문에 고생하던 어머니를 보고 자란 남편은, 남자는 가족을 지켜야 한다는 신념을 키웠고 실제로 그렇게 살아왔다. 아들도 그렇게 키워야 한다고 생각한 것이다. 부인은 남편의 마음은 이해하지만 어린 아들의 마음이 더 걱정이었다. 그러나 남편의 완고한 생각을 설득할 재간이 없었다.

과거에는 이런 아버지들이 많았다. 하지만 아이는 이제 고작 여섯 살이다. 장남이지만 아직 자신이 누구인지도 모르는 나이다. 효율적인 삶을 살아야 한다는 것은 어린아이에게 너무 가혹한 요구이다. 효율적인 삶은 각자의 관점에서 다양한 방식으로 만들어져야 한다.

현대 사회는 인터넷 미디어의 발달로 사회 정의에 반하는 행동이 여과 없이 노출된다. 문제를 일으킨 당사자의 SNS나, 그런 행위를 추적하는 사람들에 의해 노출되기도 한다.

도덕은 인간이 착하게 살아가기 위해서 존재하는 것만은 아니다. 도덕은 이타주의와 기부, 선행처럼 타인을 위한 따뜻한 행위도 포함하지만 단호한 배척, 비인간적 행위에 대한 공격, 경멸과 수치심 주기, 그리고 잔인한 복수도 이뤄지게 한다. 이것을 가능하게 하는 감정도 도덕적 본성의 일부다. 이것이 바로 공적 분노다. 도덕적 행위의 궁극적인 목적은 세상을 지키는 것이다.

제 5 장

공공의 질서와 공적 분노

우리는 왜 아무 관계 없는
사람들에게도 화가 날까?

공적 분노의 대상이 된 '부산 돌려차기 남'

2022년 부산의 오피스텔에서 한 남자가 20대 여성을 무차별 폭행했다. 일면식도 없는 여성을 쫓아가 느닷없이 돌려차기로 공격한 것이다. 남성은 피해자의 얼굴을 발로 공격해 기절시켰다. 피해자는 두개골 결상과 얼굴에 찰과상을 입었고, 오른쪽 다리가 완전히 마비되어 2년이 지난 현재까지 재활 치료 중이다. 남자는 경찰 조사에서 피해자가 째려보고 시비를 거는 느낌이 들어서 화가 났다고 진술했다.

당시 영상이 공개되자 이를 본 모든 사람들이 분개했다. 뉴스를 접한 이들은 젊은 여성이 하루아침에 장애를 가질 정도로 무차별 폭행을 당했다는 사실에 분노했으며, 딸을 둔 부모들은 한밤의 뒷골목도 아닌 오피스텔 로비에서 일어난 대범한 범죄에 엄청난 불안감을 느꼈을 것이다. 그런데 경찰은 처음엔 성범죄 가능성을 배제한 채 중상해로만 기소를 했고, 사건이 검찰로 넘어온 뒤에야 비로소 살인미수로 기소하기에 이른다.

그러나 CCTV를 통해 사건의 전말을 유추할 수 있었다. 남자가 여성을 따라 건물로 들어와 머리를 집중적으로 공격한 것은 의식을 잃게 하기 위한 목적이었다고 전문가는 분석했다. 남성은 의식을 잃은 여성을 CCTV가 없는 장소로 데려갔다. 처음 피해자를 발견했을 때 바지 지퍼가 열려 있는 것을 본 목격자도 있었다. 여성의 항문이 파열된 것을 일주일 후 알게 되었고, 여성의 바지 뒷부분에서 남자의 DNA가 발견되었다.

이를 알게 된 사람들은 또다시 분노했다. 여성의 피해를 공권력이 철저히 조사하지 않았던 것에 대한 분노였다. 왜 1차 기소 때 CCTV가 없는 장소로 이동한 사실과 피해자의 바지 지퍼가 열려 있었다는 내용이 누락되었을까? 남성은 12년 형을 선고받고 항소했지만 2심과 대법원에서 성범죄 행위가 추가되어 결국 20년 형을 확정받았다. 남성은 폭력 강간 등의 전과 18범으로, 출소한 지 3개월 만에 범죄를 일으킨 것이었다.

그가 구치소에 수감된 뒤에 들려온 소식은 사람들을 또 한

번 경악하게 했다. 12년 형을 선고받자 울분을 토하며 출소하면 피해자를 찾아가 죽여 버리겠다고 같은 방 재소자에게 말했다는 것이다. 감방 동기의 폭로에 의하면, 피해 여성이 공판에 열심히 참여한 탓에 형벌이 가중되었다며 증오심을 드러냈고, 피해자의 주소를 달달 외우며 출소할 날만 손꼽아 기다린다고 했다. 그를 보며 사람들은 극한 분노를 느낄까, 아니면 두려움을 느낄까?

한편, 이를 전해 들은 피해자는 20년 후 남자가 출소할 날을 떠올릴 때마다 너무 두렵다며 하루하루가 지옥 같다고 했다. 차라리 사건 당시 목숨을 잃었다면 지금보다 나았을 것 같다며, 앞으로 20년을 공포 속에 살아야 한다는 사실에 울분을 토로했다. 공권력은 이럴 때 어떤 역할을 해야 하는가? 피해자의 고통을 덜어 주지 않는다면 국가가 존재할 이유가 있을까? 반사회적 성격장애를 가진 사람에 대한 분노와 함께 불안전한 공권력에 대한 분노도 함께 일으킨 사건이었다.

사회 질서를 지키기 위한 공공의 분노

☀ 공공의 비난이 두려운 이유

사람들은 자신이 잘못했다는 말을 듣는 것을 못 견딘다. 잘못을 인정하더라도 비난은 고통스럽다. 의도하지 않은 일상적인 행동이 잘못됐다고 비난받으면 대부분 당황한다. 인간은 무의식적으로 객관적인 잘못, 즉 비난받을 만한 일을 하지 않으려고 하기 때문이다. 인간이 개인의 이익보다 솔직함을 우선하거나 공정하지 않은 행동을 하지 않는다는 말은 아니다. 누구나 내면에는 이기적이고 탐욕적인 욕망이 있다. 하지만 사람들은 다른 이에게 비난받을 행동을 하지 않으려 한다. 노출된 환경에서 이러한 경향은 더욱 두드러진다. 남이 보는데도 비난받을 행동을 거리낌 없이 하는 사람도 있지만, 결과를 예측하고 자신에게 더 큰 해가 되지 않는다는 판단하에 하는 행동이다. 즉, 비난의 고통보다 이익이 많을 경우다.

인간은 비난받을 행동을 하지 않게 사회화된다. 부모에게 혼이 나거나 친구에게 비난받을 행동을 자제하면서 성장한다. 구성원 누구나 비난받을 행동을 하지 않으려는 것은 사회를 유지하는 데 결정적인 역할을 한다. 비난받을 일을 하는 사람들이 많아지면 사회 질서는 하루아침에 무너지기 때문이다. LA 폭동 후 무차별 상점 습격이 기승을 부린 것처럼 기반이 무너진 무정부 상태가 되는 것은 한순간이다. 폭력이 난무하고, 질서가 무너지고, 여성과 약자가 보호받지 못하는 세상이 된다. 인간이 이뤄 놓은 선진적인 장치가 제 기능을 못하는 것이다.

비난을 두려워하는 마음은 사회를 지키기 위한 가장 기본적인 장치다. 사람들은 '어떻게 인간이 그럴 수 있지?'란 평가를 가장 두려워하게 되었다. '사회를 망치는 자'로 규정되는 것도 마찬가지다. 사회가 발전하면서 이런 평가를 받는 사람은 배척당하거나 배제되었다. 그 사회에서 온전하게 공존할 수 없다는 의미다. 즉, 실질적인 죽음을 의미한다. 따라서 그와 같은 평가를 받지 않기 위해 사람들은 객관적이고 보편적으로 바른 행동을 하려 한다. 모든 사람은 자신이 이 범위 내에서 행동한다고 생각한다. 최소한의 공정을 지키며 산다고 여기는 것이다.

인간관계에서 충돌은 너무나 흔하다. 갈등 상황이 벌어지면 사람들은 "누가 옳은지 다른 사람에게 물어보자"라고 말한다. 갈등 상황에서 자신에게 문제가 있다고 생각하지 않기 때문이다. 늘 비난받지 않게 조심하고 살아왔기에 잘못된 행동을 하지 않으려고 노력한다. 그러다가 "인간이 어떻게 그럴 수 있느냐?"는 비난에 직면하면 정신이 붕괴할 만큼의 고통을 느낀다.

범죄 행위가 드러나면, 더 이상 자신의 위치를 유지할 수 없게 된다. 더욱이 잘 알려진 사람이라면 사회적 죽음에 이르게 된다. 사회 구성원 전체의 분노 대상이 되기 때문이다. 비난을 두려워하는 이유는 대중으로부터 비난받는 것, 즉 공공의 분노 대상이 되는 것이 두렵기 때문이다. 이처럼 인간의 본성에는 공적 분노 대상이 되어 사회로부터 배척당하는 것에 대한 원초적 두려움이 존재한다.

공적 분노의 역할과 그것이 만들어지는 과정

사회가 유지되기 위해서는 구성원이 지켜야 할 행동들이 있다. 대부분 의식하지 않아도 자동으로 작동되어 사회가 원활히 굴러가게 하는 행동이다. 공공질서를 어지럽히고, 거짓말이 난무하고, 노인이나 약자를 함부로 대하고, 억울한 일을 당하기 쉽다면 그 사회에 사는 것은 스트레스일 것이다. 서로 존중하지 않고, 타인에게 손해를 끼쳐도 제지받지 않는 사회는 그 자체로 고통이다.

막힌 도로에서 갓길로 추월할 때 다른 운전자들이 분노할 것임을 알기에 마음이 불편해진다. 무심코 들어갔는데 새치기한 상황이 돼 버리면 순간 뒤통수가 따갑다. 다른 사람들이 자신에게 공적 분노를 느끼고 있다는 것을 감지했기 때문이다. 사회 질서를 어지럽혔다는 강한 자책감이 밀려든다. 타인이 같은 행동을 했다면 자신도 분노했을 거라는 걸 알기 때문이다.

이러한 분노가 없다면 사회는 어려움을 겪을 수밖에 없다. 신호를 지키지 않으면 차들이 교차로에서 엉킬 수밖에 없고, 그러면 차량 흐름을 막아 구성원 모두에게 막대한 피해를 준다. 이를 법으로 해결할 수 없다. 법 이전에 사람들의 마음속에 공적 분노와 자책감이 감정의 형태로 내재해 있어서 매 순간 사회 모든 영역에서 자동으로 작동되어야 한다.

개개의 마음속에 있는 이 사회적 감정이 셀 수 없이 많은 세세한 관계에서 나타나는 갈등을 조정하고, 공적 분노를 일으킬 일이 벌어지면 자동으로 처리한다. 모르고 차선을 변경하다 새치기했다는 것을 알게 됐을 때 미안하다고 표현하는 것이 그 예다. 사회적 관계에서 분노는 싸우기 위해 존재하는 것이 아니다. 잘못된 행위로 인해 대중의 비난을 받고 자신은 자책함으로써 그런 행농을 줄이게 하는 것이 목적이다. 그 판단 기준은 그 구성원 모두의 암묵적 교류로 만들어진다. 이를 여론이라고 한다. 여론은 구체적인 과정을 거쳐 형성되지 않지만, 결과적으로는 구성원 개개인의 소소한 대화의 총합으로 만들어진다.

도덕적 가치와 공공성을 가진 분노

사회를 유지하기 위해 구성원들은 지켜야 할 행동 덕목을 구체화한다. 이를 도덕적 행위라고 하며, 구성원들 마음에 존재하는 개개 사항에 대한 사고의 합에 의해 결정된다. 뇌과학자인 마이클 가자니가Michael S. Gazzaniga는 이를 다섯 가지 도덕 모듈로 구체화했다. 상호관계, 고통, 계층, 내외 집단의 연합, 그리고 청결 모듈이 그것이다. 이것들이 지켜지지 않는다면 사회는 제 기능을 하지 못하기에 구성원들 마음에서 자동으로 작동되어야 한다.

첫째는 상호관계가 정당해질 조건이 마련되어야 한다. 서로 믿을 수 있어야 하고, 그러기 위해선 거짓말하고 속이고 사기치는 행위가 지탄받는 분위기가 굳건히 조성되어야 한다. 이들 행위에 대한 분노가 전제되어야 한다는 뜻이다. 동시에 공정해야 사회를 유지할 수 있다. 이것이 성립되지 않으면 관계에 균열이 생긴다. 사회의 가장 기본적 규칙은 거짓말하지 않고 서로 공정하게 대하는 것이다.

둘째는 구성원의 고통을 철저히 보살펴야 한다. 구성원의 아픔에 본능적으로 반응해 곤경에서 빠져나오게 도와야 한다. 그 아픔을 자신의 감정처럼 느껴야 하며, 무심한 사람은 비난받아야 한다. 구성원이 궁핍하거나 어려운 일을 당하면 본능적으로 도움을 주고 싶은 마음을 품는다. 홍수가 나면 수재 의연금을 걷고, 누군가 병에 걸리면 같이 마음 아파한다.

셋째는 위계질서를 지키는 것이다. 그래야 사회가 유지될 수 있다. 지도자의 지도력이 도전받으면 국가의 존속이 위태로울 수 있다. 위계질서는 구성원 개개인의 위치에 따라 적용된다. 귀족과 서민 그리고 하인과 같은 신분이 되기도 하고, 직위에 따른 지위가 되기도 한다. 사회 발전에 따라 신분에 따른 차등과 독재 같은 불법적 권력은 줄어들었지만, 지위와 문화에 따른 질서는 유지되어야만 한다.

넷째는 유대감을 통한 집단에 대한 연대 의식이다. 국가에 대한 충성, 동창회나 집안같이 자신이 속한 집단에 대해 소속감과 의무감을 지니는 것을 말한다. 진보와 보수, 없는 자와 가진 자, 사업주와 노동자같이 다양한 가치 체계를 가진 집단들이 각자의 유대감을 기반으로 서로 대립하기도 한다. 다른 가치 체계에 대해서는 적대감, 분노, 경멸 등의 감정을 가지기도 한다. 집단에 속하지 못하면 존재적 불안감을 느끼기 때문에 개개인은 소속되려 하는 것이다.

다섯 번째는 그 사회가 가지고 있는 가치를 지키는 것이다. 그 가치가 손상되면 구성원들은 혐오감을 느낀다. 종교나 정치 체계에서 흔히 볼 수 있다. 이슬람교도들은 할랄 인증이 되지 않는 음식을 먹지 못하고, 힌두교도들은 소고기를 먹지 않는다. 나치 독일은 유대인에 대해 극단적인 혐오감을 가졌다. 자유주의적 가치와 평등을 위한 가치는 지키는 사람들이 많다.

위의 다섯 가지 도덕 모듈은 각기 사회를 지키는 기능을 한다. 이를 지키지 않으면 공적 분노를 일으키는데, 예컨대 국민은 군대를 기피한 연예인을 거부하고, 사회 지도층이 음주운전이나 도박을 하면 용서하지 않는다. 현대 사회는 인터넷 미디어의 발달로 사회 정의에 반하는 행동이 여과 없이 노출된다. 문제를 일으킨 당사자의 SNS나, 그런 행위를 추적하는 사람들에 의해 노출되기도 한다.

도덕은 인간이 착하게 살아가기 위해서 존재하는 것만은 아니다. 도덕은 이타주의와 기부, 선행처럼 타인을 위한 따뜻한 행위도 포함하지만 단호한 배척, 비인간적 행위에 대한 공격, 경멸과 수치심 주기, 그리고 잔인한 복수도 이뤄지게 한다. 이것을 가능하게 하는 감정도 도덕적 본성의 일부다. 이것이 바로 공적 분노다. 도덕적 행위의 궁극적인 목적은 세상을 지키는 것이다.

이처럼 공적 분노는 다수의 대중이 공감할 만한 객관성을 지니고 있다. 개인적 분노가 상호관계에서의 신뢰와 공정함에서 작동되는 경우가 많다면, 공적 분노는 도덕적인 면에서 유발된다. 하지만 모든 대중의 분노가 영원한 객관성을 갖는 것은 아니다. 여론은 시시각각으로 변한다. 마녀사냥과 같이 일시적 광기에 의해 촉발될 수도 있고, 불순한 정치적 목적에 의해 왜곡된 공적 분노가 만연할 수도 있음을 유념해야 한다.

운전 문화로 보는 공적 분노의 형태

운전만 하면 성격이 변하는 사람들이 많다. 평소에는 점잖은데 운전만 하면 딴사람이 된다. 쉽게 흥분하고 말끝마다 욕을 하고, 그냥 지나칠 수 있는 일에도 화를 참지 못한다. 이중인격자를 보는 것 같다. 많은 사람이 그렇다면, 분명한 이유가 있을 것이다. 첫 번째 이유는 운전이 심각한 위험을 동반하는 행위이기 때문이다. 운전하는 순간순간 주변의 차들과 관계가 형성된다. 조금의 이상에도 치명적인 사고를 일으킬 수 있는 생명이 담보되는 관계다. 아무리 조심해도 상대가 운전 수칙을 지키지 않거나 실수하면 생명을 잃을 수 있다.

한 운전자가 과속으로 차선 변경을 했다. 뒤차가 속도를 줄이지 않았으면 충돌할 수 있었다. 반대의 경우도 있다. 차선을 변경하기 위해 옆 차선의 가까운 거리 내에 차량이 없는 것을 확인했다. 그런데 깜빡이를 켜고 차선을 변경하려는 순간, 저 멀리에서 차가 급속도로 달려와 깜짝 놀란 경험이 누구나 있을 것이다. 무리하게 차선을 변경했다면 대형 사고가 났을 수도 있다. 왜 이렇듯 위험을 무릅쓰면서까지 양보하지 않는 걸까?

물론 상대 운전자는 속도를 올려 차선 변경을 막아도 사고로 이어지지는 않았을 것이라고 예측했을 것이다. 자칫 잘못하면 생명을 잃을 수 있는데도 말이다. 문제는 이런 운전자가 헤아릴 수 없이 많다는 것이다. 이런 상황에서 사고를 경험한 사람들이 제3자의 관점에서 그 광경을 본다면, 이토록 위험한 행동을 할 필요가 없다고 생각할 것이다. 위험을 담보로 차선 변경을 제지당한 사람들은 순간적으로 엄청난 분노를 느끼게 된다.

상대 운전자에게도 차선 변경을 못 하게 한 이유가 있을 것이다. 현대 사회에서는 누구나 순위를 빼앗기고 싶어 하지 않는다. 강퍅한 경쟁 사회에서 살아왔기에 누군가가 내 앞자리를 차지하는 것을 일시적인 낙오로 인식하거나, 무의식적으로 차선 변경을 순위 쟁탈로 받아들였을 수 있다. 하지만 일정 거리를 두고 차선 변경을 하는 것은 적법한 행위다. 이를 막았다면 행동 제한에 대한 분노도 따라온다.

만약 사고가 난다면 교통경찰이 누가 잘못했는지를 판별한다. 법은 운전 수칙에 따라 공평하게 적용된다. 속도를 줄일 때는 브레이크를 밟고 회전할 때는 깜빡이를 켜야 한다. 운전 규칙은 수도 없이 많은데 법으로 규정되기도 하고 문화와 상황에 따라 만들어지기도 한다. 이러한 교통 문화는 암묵적 약속이며 지키지 않으면 교통이 마비되고 큰 혼란이 발생해 안전하게 운전할 수 없다.

이를 지키지 않는 운전자들은 법적인 처벌을 받을 뿐 아니라, 주변 운전자들의 자동적 분노를 유발한다. 예컨대 명절에 꽉 막힌 고속도로에서 한 차량이 새치기하면 운전자들은 분노를 느낀다. 이때 끼어드는 운전자에게도 화가 나지만, 끼어들기를 허용한 운전자에게도 화가 난다. 잘못하는 사람과 잘못을 방조하는 사람 모두에게 화가 나는 것이다. 질서를 어기는 사람들에 대한 분노는 사회를 안정적으로 운영하게 하는 공적 분노다. 이렇듯 사회 정의를 위한 분노가 있기에 사회는 하나의 유기체처럼 운영될 수 있다.

교통 상황은 잘잘못이 뚜렷이 나타나기 때문에 분노를 객관적으로 관찰할 수 있다. 하지만 주관적인 경우도 많다. 깜빡이를 켜고 끼어드는 차를 정당한 차선 변경으로 보느냐, 아니면 새치기하는 것으로 보느냐는 개인의 주관적 판단이다. 깜빡이를 켜지 않고 끼어든 것에 대한 분노라면 정당하지만, 깜빡이를 켜고 끼어들었다면 판단은 달라질 수 있다. 상황을 어떻게 해석하느냐에 따라 주관적 분노가 발생할 수 있다는 말이다.

한 사례가 있다. 성능 좋은 수입차를 국산 차가 추월하자 화가 치민 수입차 운전자가 추격전을 벌이다 사고로 구속된 사건이다. 그는 경찰에게 "국산 차가 추월해 참을 수 없는 분노를 느꼈다"고 진술했다. 성능 떨어지는 차에 추월당해 분노를 느끼는 것은 마치 자기보다 서열이 낮은 동물에게 먹이를 빼앗겼을 때 느끼는 분노와 같다. 성능 좋은 차를 탄다고 서열이 높다는 것은 그 누구도 동조할 수 없는 주관적 견해다. 상대가 인정하지 않는 주관적 분노는 사회에서 용납되지 않는다. 자신의 분노를 객관적으로 검증할수록 선진 사회의 구성원에 가깝다고 볼 수 있다.

☼ 과도한 규제로 공적 분노가 위축된다면

교통 법규를 고지식하게 적용하는 사람들에 대한 분노도 있다. 영국인 친구는 한국 고속도로만 달리면 짜증이 난다고 했다. 저속으로 가는 차가 왜 고속 차선에서 주행하느냐는 것이다. 저속 차선이 비어 있는데도 추월 차선인 1차로로 가는 것을 이해할 수 없단다. 그런데 이 현상은 난폭 운전을 법으로 규제한 후 반작용으로 생겨났다. 예전에는 위협적인 운전자가 사회 문제를 일으킨 적이 많았다. 빨리 가지 않는다고 전조등을 깜빡이면서 위협적으로 밀착 운전을 하거나 여성 운전자가 서툴게 운전해 불편을 준다고 거칠게 밀어내고, 운전 중 상대에게 물건을 던지는 경우도 있었다.

한번은 고속도로를 달리는데 앞에서 차 두 대가 서로 추월하며 위협 운전을 했다. 소형 트럭을 운전하는 젊은 남성과 승용차를 운전하는 젊은 여성이었다. 여성 운전자가 느리게 간다고 소형 트럭이 전조등을 번쩍이고 경적을 울렸다. 그러자 여성 운전자는 더 느리게 운전했다. 남성 운전자가 추월하면서 심한 욕을 하자 여성 운전자가 전속력으로 소형 트럭을 추월해 트럭 앞에서 갑자기 속도를 늦추었다. 양옆 차선에선 고속으로 차들이 지나가서 차선 변경도 할 수 없는 상황이었다.

결국 여성이 차를 멈추었다. 소형 트럭도 강제로 서고 뒤따르던 우리 차까지 세 대가 고속도로 한복판에 서 있는 형국이 되었다. 여성 운전자와 동승자가 차에서 내리더니 트럭 운전자에게 욕을 해댔고, 나와 아내는 뒤에서 오는 차와 충돌할까 봐 몇 분 동안 초긴장 상태가 되었다. 지금 너무 위험한 상황이라고 말해도 여성 운전자는 듣지 않았다. 정신 나간 사람처럼 화를 내며 젊은 남성 운전자에게 달려들었고, 남성 운전자와 우리는 공포에 질려 버렸다. 사고라도 나면 생명을 보존할 수 없는 상황이었다. 순간 공포와 함께 그런 행동을 하는 여성에게 참을 수 없는 분노가 솟구쳤지만, 역효과가 날까 봐 화도 내지 못했다. 도대체 인간은 왜 생명을 담보로 하는 분노에 그렇게 압도당하는 것일까?

난폭 운전을 강력하게 단속하자 위협적인 보복 운전은 줄어들었다. 대신 다른 부작용이 나타났다. 바로 영국 친구가 불평한 그것이다. 위협적인 보복 운전을 방지하기 위한 단속이 도리어 질서를 유지하기 위한 정의로운 분노까지 막아 버린 것이다.

유럽의 고속도로에서 있었던 일이다. 제한 속도가 130km인 고속도로여서 그에 조금 못 미치는 속도로 2차선을 달렸다. 차량이 많지 않아 4차선 도로는 트럭들이 달리고 있었고, 3차선에선 간혹 저속 차량이 달리고 있었다. 그런데 1차선을 빠르게 달리던 차량들이 내 앞에서 차선을 변경하며 우리 차를 위협하는 상황이 연이어 벌어졌다. 유럽에도 난폭 운전이 있구나, 했는데

나중에 알고 보니 3차선 도로가 비어 있는데 굳이 2차선 도로로 주행하는 것에 대한 경고인 것 같았다.

어떤 때는 2차선에 차량이 있어서 1차선으로 130km를 조금 넘겨 달렸는데, 뒤따라오던 빠른 차들이 보복 운전처럼 전조등과 경적을 요란하게 울려댔다. 난폭 운전이 아니라면 교통 문화를 지키기 위한 일반인들의 자발적인 노력일 수 있겠다는 생각을 하게 되었다. 모든 교통 문제를 경찰이 해결할 수는 없다. 빠른 차선은 그것을 이용하는 차의 편의를 위한 것이다. 그 차들이 빨리 가는 것을 막았다면 교통질서를 흐린 것이다. 선진국에서 차의 속도는 차량의 흐름에 맞추는 것이 우선이다. 그렇다면 나에게 경고를 한 것은, 규칙과 질서를 어긴 것에 대해 잘못을 지적하기 위한 공적 분노가 작동한 것으로 봐야 한다.

우리나라의 경우, 난폭 운전을 없애기 위해 규제를 강화한 것이 질서 유지를 위해 작동되는 공적 분노를 막아 버리는 부작용을 불러온 것일 수 있다. 4차선 고속도로에서 1, 2, 3, 4차로 차량의 속도 차이는 거의 나지 않는다. 고속차로인 1차선에 차량이 제일 많고, 반대로 저속 차로는 달리는 차가 많지 않아 비어 있을 때도 있다. 마치 저속 차로로 가면 뭔가 손해를 보는 듯이 달리지 않는다. 제한 속도보다 느린 속도로 1차선을 달리는 운전자도 많다. 제한 속도를 넘지 않으니 위법이 아니라고 생각하지만, 추월 차선에서 계속 저속으로 주행하는 것도 위법이다.

경찰이 모두 단속할 순 없으니 운전하는 구성원들이 자발적 공적 분노를 작동해 이런 행위를 규제할 수 있어야 한다. 그런데 정당한 분노가 난폭 운전으로 오인될 소지가 있어 작동되지 못하는 바람에 이 질서가 사라져 버렸다.

그 결과, 고속 차선에 있는 차가 다른 나라의 고속도로만큼 빨리 달리지 못하고 차선 변경을 하며 지그재그로 달릴 수밖에 없다. 이런 고속도로가 훨씬 더 위험하지 않을까. 정당한 분노가 작동되지 못해 교통 문화가 정체된 것이다. 정당성을 부여받지 못한 공적 분노는 작동을 멈춘다. 그러면 효율적인 교통 문화는 정착되지 못한다. 법은 인간을 위해 존재하고, 문화는 그 시대에 맞게 변화한다. 공적 분노가 효율적으로 작동되는 교통 문화가 건강하게 정착되어야 한다.

☼ 대중에 의해 만들어지고 작동되는 공적 분노

교통 상황에서 초래된 분노는 몇 가지 특징을 갖고 있다. 관계 맺는 순간 발현한다는 점, 자신에게 위험을 초래하는 상대를 향한다는 점, 주관적인 관점에서 자기 권리를 침해받았다고 인식하기에 강하게 나타난다는 점, 그리고 공적인 분노가 정당하게 작동되어야 교통질서를 유지할 수 있다는 점이다.

지금은 사라졌지만, 사각지대에 숨어서 교통법규를 위반하는 운전자를 단속하는 교통경찰이 있었다. 그러면 반대 차선에서 이를 발견한 운전자들이 맞은편 차선의 운전자들에게 경고등을 켜 주의 신호를 보내 주었다. 단속 경찰이 있음을 알리는 것으로, 불공정한 공권력에 저항하는 하나의 방식이었다. 교통 상황은 관계의 규칙을 객관적으로 지켜야만 하는 인간 사회의 특징을 보여 준다.

교통질서는 절대적 약속을 지켜야 유지된다. 빨간 신호에는 서고, 파란 신호에는 직진으로 가야 하며, 좌회전 신호 때만 좌회전할 수 있다. 차선을 지키고 상황에 따라 속도를 조절해야 한다. 차선을 바꿀 때는 깜빡이를 켜서 주변 차들에게 알려야 하고, 브레이크등은 뒤차에 내 차가 속도를 줄이거나 멈춘다는 사실을 알려 준다. 권력 있는 사람이라도 예외는 없다.

교통 신호를 지키면 위험으로부터 안전할 수 있지만, 무시한다면 대형 사고로 이어져 자신의 생명도 잃을 수 있다. 한 사람이라도 지키지 않으면 모두의 생명을 보장할 수 없다. 음주운전 등을 범죄로 규정하는 것도 이런 이유다. 그럼에도 음주운전이 사라지지 않는 것은 공적 분노가 아직도 제대로 작동되지 않는다는 걸 의미한다. 자발적인 참여와 함께 위반자에 대한 강력한 분노가 발현되는 문화가 형성돼야 한다. 교통 문화가 대중에 의해 자발적으로 만들어지며 지켜지는 것이 가장 좋은 질서 유지 방법이다.

운전 상황에서 공적 분노가 작동되어야 하는 목적은 운전자를 징벌하기 위함이 아니라 잘못을 교정하기 위함이다. 공적 분노가 건강하게 표현된다면 질서가 회복되고 사회의 긴장감도 감소하지만, 표현되지 않아 교정되지 않으면 운전 질서는 확립되지 않는다. 그래서 교통 상황에서 발생하는 정당한 분노를 억제하는 정책을 시행하지 말고, 정당하게 표출할 수 있는 문화를 만들어야 한다.

대중의 호감과 공적 분노로 만들어지는 여론

❋ 정보 교환과 정서적 교류를 담당하는 대화

사람들은 끊임없이 이야기한다. 내용의 대부분은 자기 이야기거나 다른 사람에 대한 뒷담화다. 그러는 이유는 도움이 되기 때문이다. 아이들은 같이 논다. 포유류 새끼들도 마찬가지다. 사회적 동물은 함께 놀거나 교류할 때 더 행복해지는 '교류의 호르몬'이 분비된다. 그래서 본능적으로 놀이를 하는 것이다. 인간에게 이 기능을 하는 것 중 하나가 바로 대화다.

이는 여성에게 더 두드러지지만, 남성도 마찬가지다. 술 한 잔하면 남성도 엄청 말이 많아진다. 그러면 관계 호르몬의 분비로 유대감이 생기고, 상대와의 관계가 돈독해지며, 정보를 얻고, 상대의 반응을 통해 객관적 사고를 획득한다. 바로 잡담과 뒷담화의 역할이다. 아무 의미가 없을 것 같은 이 행동들이 역설적으로 자신과 사회를 정화시키는 기능을 한다.

인간은 언어를 통해 교류하며 상대에게 애착을 느끼고 행복감을 누린다. 이때 우리 뇌는 피부 접촉을 통해 애착을 느끼는 것과 유사한 행복을 경험한다. 그만큼 강렬하진 않지만 대화는 많은 빈도로 이뤄지기에 효과가 크다. 피부 접촉에 의한 애착이 강한 부부라 하더라도, 상시적인 대화가 많은 부부의 애정을 능가한다고 볼 수 없다.

지인들과 하는 잡담도 행복감을 높이는 데 결정적 기여를 한다. 잡담은 대부분 누군가에 대한 것이다. 주변 사람을 비롯해 정치인, 연예인, 스포츠 스타 등 알려진 사람들의 일거수일투족이 주 내용이다. 어떤 사람은 남의 험담이나 자기 자랑만 늘어놓을 때가 많아서 잡담으로 시간 낭비나 하고 싶지 않다고 말하기도 한다. 그렇다면 뒷담화와 자기 자랑이 대부분인 이 잡담의 사회적 기능은 무엇일까?

☀ 뒷담화의 사회적 기능

사람들은 대화를 통해 주요한 정보를 주고받는다. 학부모 모임에서 아이들의 교육이나 생활에 대한 정보를 얻기도 한다. 남편이 바쁘고 육아에 대해 이해하지 못해 우울해하는 젊은 엄마들이 위로를 받기도 한다. 의미 없는 얘기나 소소한 신변잡기를 주고받는 것은 의외로 인간 삶에 중요한 의미를 가진다. 대중의 공적 분노도 이 과정을 통해 만들어지기 때문이다. 사람들이 심각하게 여론을 만들기 위해 토론하는 것은 아니다. 정치적 여론은 정치인들의 행실에 분노하며 나눈 대화들이 모여 형성되는 것이다. 대중은 지인에 대해 혹은 정치적이거나 사회적인 사항에 대해 자신의 견해를 가지고 끊임없이 누군가와 대화한다.

사람들이 가장 두려워하는 것 중 하나가 누군가로부터 비난받는 일이다. 뒷담화의 대상은 주변이나 대중의 시선을 받는 이들인데 일반인은 주변에 의해, 공인은 대중에 의해 행동을 관찰당한다. 인간 사회에 살기 위해서 피할 수 없는 현실이다. 누구라도 정당하지 못하고 사회적 의무를 다하지 않는다면 잡담과 뒷담화를 통해 공적 분노의 대상이 된다.

연예인에 대한 뒷담화는 일반 사람들의 행동 기준을 강화한다. 연예인의 음주운전이나 마약 사용에 대해 강력한 처벌을 원하는 것도 같은 기능을 한다. 행위가 어느 정도로 비난받고 환영받는지를 미리 보여 주는 기능도 한다. 해병대에 지원하거나 밝게 군대 생활을 한 연예인을 보며 환호하고, 병역을 기피하려고 국적을 포기한 연예인에 대해서는 20년도 넘게 귀국을 반대하기도 한다. 연예인에 대한 뒷담화가 쓸데없는 잡담만은 아닌 것이다.

뒷담화는 사회 속의 그릇된 행위들이 드러나게 한다. 그래서 다른 사람의 눈이 무서워 집단에 부정적인 영향을 끼치는 행위를 하지 못한다. 물론 자랑만 일삼는 사람도 많다. 자랑하는 순간에는 인정받는 것 같은 착각이 들겠지만, 이 또한 뒷담화의 대상이 된다. 잡담과 뒷담화에는 사회를 정화하는 기능이 있다. 부정적인 뒷담화도 여론을 형성해 그 대상이 잘못된 행동을 하지 못하게 하고, 그 결과 국민이 원하지 않는 사업이나 행동을 하지 못하게 유도하는 순기능을 한다.

☀ 무가치한 뒷담화 vs 힘을 가진 뒷담화

과장되거나 거짓이거나 도가 지나칠 때 그 뒷담화는 가치를 의심받는다. 개인적인 원한에 의한 험담도 동의받기 어렵다. 듣는 사람 모두가 이를 평가하기 때문에 자칫하다간 그 자체가 뒷담화의 주제가 될 수 있다. 뒷담화는 쉽게 사람들의 관심을 끌지만, 신빙성이 없거나 지나치게 주관적인 판단에 의한 것이면 흥미는 곧 사라진다. 객관적인 정보에 의한 것인지, 얼마나 정당성 있는지를 대중은 늘 관찰하고 있다.

또한 거짓이 아니어야 하고, 흥미를 끌 수 있는 주제여야 한다. 뒷담화의 대상이 억울하지는 않은지, 얼마나 많은 사람이 동조할 수 있는지도 중요하다. 황당하거나 객관성이 결여되면 꺼림칙하다는 부정적인 평가를 받게 된다. 결국 암암리에 작동되는 공정성이 주요 판단 기준인 것이다. 공정성을 의심받는 뒷담화는 여론으로써 힘을 곧 상실한다.

✻ 정치 사회적 이슈에 대한 뒷담화

정치나 사회에 대한 이슈는 가장 중요한 흥밋거리다. 삶에 직접적 영향을 주기 때문이다. 세율 조정, 재벌이나 노조에 대한 규제, 국민연금 개혁 같은 내용은 누구에게나 관련된 주제다. 사람들은 가치관과 신념에 따라 자신만의 견해를 내놓는다. 그리고 그 정책에 찬반을 형성하는 정부 여당과 야당에 동조하기도 반대하기도 한다. 원전이나 태양열 발전과 같은 에너지 정책도 첨예하게 대립하는 주제다.

사람들은 모이면 서로 정당성을 주장하며 대화하고, 여기서 형성된 전체적인 흐름이 여론이 된다. 예상하지 못한 원전 사고로 방사능이 유출되면 국민 건강에 치명적 위협을 줄 수 있다고 두려워하는 사람도 있고, 반면에 반대 정책으로 우리나라의 우수한 원전 관련 기술을 잃게 된다고 우려하는 사람도 있다.

정치적 이슈에 대한 견해는 대표적으로 공적 분노를 기반으로 한다. 이때 서로에 대한 공격은 상대의 비효율성에 대한 분노다. 한쪽은 위험을 대비하지 않는 부주의함을, 다른 쪽은 비과학적 사고로 우리 사회에 막대한 경제적 손해를 끼친 것을 지적한다. 다른 나라의 일에는 그렇게까지 분노하지 않는다. 같은 구성원이 비효율적 판단을 내릴 때 그 어느 때보다 큰 공적 분노가 발생한다.

역사가 오래된 두 대립 정당의 정책은 어느 한쪽이 완전한 우위를 점한다고 볼 수 없다. 잘못에 대한 공격이 우선인지, 오류를 예방하는 것이 우선인지도 마찬가지다. 대표적 공적 분노인 정치적 이슈에 대한 분노는 상대에 대한 공격이 목적이 되어서는 안 된다. 그러나 우리나라의 정치는 상대를 악마화하며, 그 과정에서 과도하고 파괴적인 분노를 이용할 때가 많다. 마치 공적 분노인 것처럼 위장한다. 국민을 위하는 정치란 효율적인 정책을 입안하기 위해 각 정당이 서로 좋은 정책을 제안하고, 상대 정책의 미비점을 찾아 보완하는 기능을 가질 때 가능하다.

사람들은 늘 정치 현안을 뒷담화의 소재로 삼는다. 과학적 분석과 이를 지지하거나 반대하는 정치 집단, 그리고 전문가와 언론인의 의견을 참조한 다양한 뒷담화가 진행된다. 잘못된 정보도, 전문적인 분석도, 감정적인 공격도, 두려움도 모두 포함된다. 수많은 사람의 마음을 끌어들여 여론이 형성된다. 전문가들은 분석하지만, 대중들은 마음과 감정에 따라 결정한다. 그래서 과학적 근거는 참고 사항일 뿐이고, 극단적 두려움과 상대에 대한 미움이나 분노가 결과를 좌우하기도 한다. 여기에 정치인과 국민 모두 조심해야 할 것이 있다. 여론과 같은 총체적 판단은 변수가 무한대로 많아 객관성을 기반으로 한 이성적 결정이 불가능하다는 사실이다.

국민적 정서가 효율적으로 집약돼야 한다. 극단적인 정서를 일으키는 공포심을 자극하거나 혐오감을 유발하는 행위는 자제돼야 한다. 이를 위해 정치인과 언론, 그리고 전문가들은 국민이 합리적 판단을 할 수 있도록 정책 자료를 제시해야 한다. 중요한 것은 거짓이 없어야 한다는 것이다. 선동적인 가짜 공적 분노가 작동되지 않아야 사회가 선진화될 수 있다. 그래야 국민 모두의 뒷담화가 모이고 모여서 국민 정서로, 건강한 여론으로 표출될 수 있다.

☀ 인공지능은 분노를 느낄 수 있을까?

현대 인류는 인공지능이 언젠가 인격을 갖고 인간을 지배할지 모른다는 공포를 가지고 있다. 인공지능 개발에 관여하는 사람 중에는 이 속도가 너무 빨라 소름이 끼칠 정도라고 말하는 이도 있다. 스스로 생각하고 결정하고 행동하는 인공지능의 출현은 두려움의 대상이 될 만하다. 벌써 인간과 교감하는 로봇이 개발되고 판매된다는 보도도 있다. 천재 바둑기사와의 대국에서 승리한 인공지능의 출현을 통해 우리는 이미 수년 전에 인공지능이 어떤 영역에서는 인간의 두뇌와 비교할 수 없을 정도로 발달되었다는 것을 알게 되었다. 이 인공지능은 스스로 이길수 있는 경우의 수를 학습할 수 있는 능력까지 있다. 그러나 계산기의 계산 능력이 인간과 비교할 수 없이 우수하다고 해서 계산기가 인간보다 우수하다고 말할 수는 없다. 인공지능이 더 복잡한 바둑 대국의 수를 읽고 엄청난 속도로 습득한다는 것 역시 마찬가지다.

인간 사이보그는 인간처럼 감정과 사적 기억, 그리고 추억을 갖지 못한다는 것을 많은 SF 영화가 흥미로운 주제로 다루었다. 삶의 여정 없이는 추억도 존재할 수 없듯이, 개인적인 발달 과정을 거치지 않은 인공지능이 자신만의 독특한 성격을 가질 수 있는지는 단정할 수 없다. 다른 인간의 기억을 심는 것이 가능한지도 알 수 없다. 옛날 사람들은 사물이나 다른 동물도 인간과 같은 마음을 갖고 있을 것으로 생각했다. 자신이 마음을 갖고 있으므로 다른 물체나 생명도 마음이 있을 거라고 추정했을 것이다.

살아 있는 생명체는 존재 초기부터 '자기'에 대한 개념이 있어야 한다. 자기에 대한 개념이 있어야 자기 욕구가 있고, 자기 욕구가 있어야 감정을 느낄 수 있다. 감정이 없다면 스스로 행동하고 결정할 수 있는 능력이 없는 것이다. 그런데 감정을 통한 마음을 인간이 창조할 가능성은 없다. 인간은 가장 단순한 생명체도 창조할 수 없다. 하나의 바이러스도 과학적으로 이겨내지 못해 3년간 유배 생활을 하지 않았나. 바이러스 하나도 대처하지 못하는 인간이 자신보다 월등히 우세한 인공지능을 창조한다? 있을 수 없는 얘기다.

　인공지능이 분노와 같은 부정적 정서를 가질 수 있을까? 분노가 없다면 인간을 지배하려는 의도도, 파괴하려는 마음도 존재할 수 없다. 감정은 몸을 가지고 있어야 한다. 그리고 그 몸에서 나오는 감각을 느껴야 한다. 그래야 세상과의 관계를 통해 감정이 형성될 수 있다. 결정적인 사실은 죽음에 대한 공포가 있어야 부정적인 정서의 기초가 만들어질 수 있다는 것이다. 인공지능은 그 어느 것도 가지고 있지 않다.

공적 분노로 다뤄야 할 사회 현상

✵ 경쟁 사회에서 청소년기를 빼앗긴 외톨이들

　사회에 적응하기를 포기하는 젊은이들이 늘고 있다. 이들을 외톨이라고 부른다. 은둔형과 고립형이 있는데, 일본 사회의 히키코모리와 다르지 않다. 왜 현대 선진국이라고 하는 일본과 한국에 이런 젊은이들이 늘고 있는 것일까? 일하지 않는 젊은 세대가 늘어난다는 건 경제에 엄청난 손실인 만큼 국가적으로도 큰 문제다.

　직업을 포기하고 집 밖으로 나오지 않는 청년들은 가족들과도 갈등을 빚는다. 극단적인 경우에는 한집에 살면서 가족과 마주치지 않고 자기 방에서만 생활한다. 식사도 같이하지 않고, 가족이 외출해야 자기 방에서 나오는 경우도 있다. 친구도 만나지 않고 핸드폰과 컴퓨터를 통해서만 세상과 교류한다. 이들은 내성적이고 자기 세계에 빠져 있으며, 극도의 분노에 차 있다. 이들 중에는 조현병이나 성격장애와 같은 심한 정신적 문제를 가진 사람도 있지만, 우울이나 대인관계 기피와 같이 심하지 않은 정신적 문제를 가진 경우가 더 많다.

중요한 사실은 이들이 청년기에 이렇게 된 것이 아니라는 것이다. 이들의 문제는 그 전부터 진행되었다. 고등학교까지는 학교에 가야 했고, 그나마 학교 친구들이 있어서 문제가 드러나지 않았을 뿐이다. 요즘 정신건강의학과 병동은 예전과 다르다. 주류를 이루었던 조현병 환자들은 강제 입원 절차가 까다로워지면서 치료받지 않은 상태로 집에 있고, 어린 자해 학생들이 그 자리를 메우고 있다.

학교생활에 적응하지 못하거나 우울감을 이기지 못해 자해까지 하는 학생이 있는 반면, 다른 친구들을 왕따 혹은 은따 시키는 학생들도 있다. 이들 가해자와 피해자 모두 분노와 관련이 있으며, 놀이를 박탈당한 것이 주요 원인이라 할 수 있다. 피해 학생들의 특징은 사람을 피하는 것이다. 반면 가해 학생들은 친구의 아픔에 둔감하다. 사람을 피하거나 사람을 괴롭히는 것, 모두 청소년기에 습득해야 할 중요한 덕목을 습득하지 못한 채 상처받은 결과일 수 있다.

청소년기에는 무엇을 습득해야 할까? 현생 인류가 지금과 같은 복잡한 문명사회를 이루게 된 것은 이전의 인류에 비해 긴 청소년기를 가졌기 때문이다. 네안데르탈인이나 멸종된 다른 인류들은 청소년기가 짧았다. 빨리 사냥하고 일할 수 있는 장점은 있었지만, 현생 인류인 크로마뇽인에 비해 청소년기가 짧아서 깊은 사회적 관계를 맺는 능력을 습득하지 못했다. 서로 연합하며 그 사이에서 생긴 갈등을 다루고 조정하는 능력은 인간 사회에서 굉장히 중요하다. 자신의 복잡한 마음을 상대에게 표현하고, 상대의 어려움을 이해하는 능력을 습득하는 건 실제 관계를 통해서만 가능하다. 상대의 마음을 읽고 조율해야 집단 활동을 할 수 있는데, 이런 고차원적 관계 기술은 공부를 통해서는 얻을 수 없다. 오직 친구들과의 놀이를 통해서만 습득된다.

사회를 살아가는 능력은 어떻게 습득할 수 있을까? 우선 세상을 살고 적응할 수 있는 지식을 습득한다. 사냥감을 구하고, 추위를 피하고, 계곡에 물이 찰 때는 어떻게 자신을 보호할 수 있는지 등의 산 지식이 필요하다. 집단생활을 하기 위해서는 이에 더해 상대와 연합하고 소통할 수 있는 능력을 터득해야 한다. 이는 대부분 놀이를 통해 습득할 수 있다. 사회적 동물은 '놀이'를 통해 세상에 생존할 수 있는 능력을 배우고, 긍정적인 기분을 느낀다. 긍정적인 기분은 그 행위를 계속하게 하고, 그 결과로 세상에 적응하는 기술을 터득하게 된다. 놀이는 청소년기에만 필요한 것이 아니다. 성인들은 놀이를 하기 위해 일을 한다. 휴가를 가고, 모임을 갖고, 운동을 하고, 생일 파티를 하는 등 행복을 느끼는 모든 행위는 다 놀이의 형태를 취한다.

어린아이들은 눈을 뜨면 가장 먼저 어떻게 놀 것인가를 생각한다. 놀이를 하기 위해서는 친구들과 함께해야 한다. 같이 놀아야 즐겁기 때문에 놀이할 때는 친구가 가장 중요한 요소다. 흥미로운 놀이를 위해서는 새로운 놀이 방법도 만들어야 한다. 놀이에는 경쟁이 있고 긴장과 갈등이 있다. 그리고 놀이를 계속하기 위해서는 그 갈등을 해결해야 한다. 친구와 싸운다면 놀이를 그만 둬야 하기에 아이들은 놀이 과정을 통해 친구와 화해하는 방법도 습득하게 된다.

대부분 놀이는 성인의 직업을 모방한다. 사내아이들의 전쟁놀이, 여자아이들의 소꿉놀이가 대표적이다. 그런데 전쟁놀이는 재미있지만, 군대에 가는 것은 고통이다. 전쟁놀이는 놀이 방법을 자신들이 결정하지만, 군대는 명령과 규율을 따라야 하기 때문이다. 놀이의 절대 조건이 자율성임을 알 수 있다. 노는 시간도, 같이 노는 친구도, 놀이의 방법도 스스로 정한다. 자율성이 박탈되면 재미도 없거니와 창조적인 놀이 방법도 만들지 못한다.

이처럼 놀이는 아이들에게 행복감, 창조성과 함께 상대방을 이해하고 연합할 수 있는 능력을 습득하도록 한다. 그런데 현대 한국 사회는 공부, 즉 지식의 습득을 위해 아이들에게서 이 놀이를 박탈했다. 학령기에 들어가는 아이들은 친구와 놀 시간이 없다. 학원에 가야 하고, 집에서도 공부해야 하며, 요즘에는 유치원도 영어 유치원을 선호한다. 노는 아이들은 학습 적응에 실패할 것처럼 취급한다. 따라서 아이들에게 놀이는 교육 기관에 들어가기 전까지만 허용된다. 정작 가장 중요한 청소년기에는 놀이가 허용되지 않는다. 그 결과 아이들은 친구들과 지내는 고등 인간관계 기술을 습득할 기회를 잃어버렸다.

조그마한 놀이도 허용되지 않은 채 아이들은 학교에서 공부만 한다. 사실 대부분의 아이는 이 공부마저 하지 않고 학원에 가서 자기에게 맞는 학습을 한다. 평준화된 학교에서는 학습 능력이 다양한 모든 아이에게 적용되는 수업을 할 수 없기 때문이다. 아이들은 가장 중요한 청소년기를 심리적으로 방황하거나 수업 시간에 잠을 자거나 몰래 게임을 하며 지낸다.

나이 많은 어른들은 졸업식 때 눈물 흘리던 학창 시절을 그리워한다. 놀이가 있었던 과거의 학창 시절엔 학교가 곧 행복이고 추억의 장소였다. 하지만 지금의 아이들에게 학교는 그리 긍정적인 곳이 아니다. 현대 청소년기는 잔혹한 경쟁이 있고, 왕따와 은따가 존재하며, 놀이를 박탈당한 고통의 시간이다. 고급 인간관계 기술을 습득할 기회를 박탈당한 기간일 뿐이다.

놀이를 박탈당한 아이들은 친구의 소중함을 알지 못한다. 놀이를 위해서는 친구만큼 소중한 존재가 없지만, 놀이를 빼앗긴 현대의 아이들은 자율성과 행복 모두를 박탈당했기에 분노에 휩싸인 채 친구에게서 멀어진다. 일부는 친구를 괴롭히는 가해자가 되고, 일부는 세상을 등지는 외톨이가 된다. 아이들이 공부 외에 할 수 있는 것은 혼자 하는 게임뿐이다. 아이들은 친구들과 노는 방법을 잃어버렸고, 놀이를 통해 습득해야 할 세상사는 방법도 배우지 못한다. 재미있게 놀기 위해 발휘되었던 창조성은 물론이고 다른 사람을 이해하는 능력도 자신을 표현하는 능력도 습득하지 못한다. 그 결과, 사회 적응에 실패하고 자해하는 아이들만 늘고 있다.

현재의 학교 교육은 기계적인 지식을 습득하는 기능만 요구하는 것 같다. 4차 산업, 인공지능 그리고 미래에 대비하기 위한 첨단 교육은 지속해서 발전시켜야 하지만, 그렇다고 인간관계를 다루는 전인교육을 포기해서는 안 된다. 전인교육은 인간관계, 즉 또래들과의 관계와 부모나 선생님과의 관계에서 이뤄진다. 그리고 이는 대부분 놀이의 형태로 이뤄진다.

놀이는 단순히 '노는 것'만이 아니다. 성인의 일을 놀이의 형태로 습득하고, 다른 사람과의 관계를 통해 행복을 느끼고, 함께하는 연대감을 습득하는 학습의 한 유형이다. 동시에 집단 내에서 자신을 지키는 훈련을 하고, 갈등이 생긴 후 상대와 화합함을 배우고, 교류하기 위한 객관적 사고를 습득하고, 개성을 위한 자율성을 연습하고 습득하는 행위다. 이러한 인간 생활의 핵심 능력은 '놀이'를 통해서만 습득된다.

청소년들에게 놀이 행위를 돌려주지 않으면 인간관계의 행복과 의미를 상실한 청년층의 탈사회화가 촉진되고, 인간에 대한 애정을 상실한 젊은이들은 더 많아질 것이다. 이는 불행한 미래를 초래할 게 자명하다. 이제라도 아이들과 젊은이들에게 창조적이고 생산적인 놀이를 할 기회를 주어야 한다. 그래야 사회 적응을 거부하는 외톨이들이 줄어들 수 있다.

☼ 저출산 문제를 해결하기 어려운 이유

대한민국의 합계출산율이 0.78%(2022년 기준)라는 것은 수십 년 후에 우리나라 인구가 지금의 절반 이하가 될 것이고, 백 년 후쯤에는 4분의 1 이하로 줄어듦을 의미한다. 이것은 어떤 전쟁이나 자연재해보다 더 큰 재앙이 될 수 있다. 저출산 문제로 온 나라가 시끄럽고 정치권에선 막대한 예산을 쏟아붓지만, 출산율은 오히려 더 떨어지고 있다. 근본적인 이유가 궁금하다면 다음 몇 가지 질문을 던져 보면 금방 알 수 있을 것이다.

임신했을 때 여성들은 임신과 양육 과정에서 행복을 느낄까, 아니면 불공정을 느낄까? 최소한 평소의 삶과 비교해서 조금이라도 긍정적인 마음을 가질 수 있을까? 대중교통에서 임산부 좌석을 마련한 것 외에 우리 사회가 임산부를 위해 준비한 사회적 장치는 어떤 것이 있을까? 정부와 지자체의 노력으로 다양한 지원이 생기기는 했지만, 임신 기간에 불편함이 없을 것으로 기대하는 여성은 적을 것이다.

지금도 임신으로 인해 업무에 지장이 생기는 것을 인정하지 않는 직장이 많다. 정기적인 병원 방문이나 몸이 불편해 출근하지 못한 경우 이를 벌충하도록 하는 기관이나 직장도 많다. 동료들도 임산부의 어려움을 그다지 배려하지 않는다. 우리 국민의 인권 의식은 불공정을 용납하지 못하기 때문이다. 임신은 일시적 장애를 갖는 것인데, 우리 사회는 그만한 배려를 하지 않는다.

아이를 양육하는 기간에도 주변의 도움을 받기는 힘들다. 인류학자들은 아이 한 명을 어려움 없이 양육하기 위해서는 성인 네 명의 상시적인 돌봄이 필요하다고 말한다. 대가족 사회에서는 흔한 양육 방식이었지만, 핵가족 사회에서는 부모 두 사람만이 전적으로 이를 해내야 한다. 직장을 유지해야 하는 여성이라면 감당해야 할 부담이 훨씬 더 커진다. 남편은 여성만큼 육아를 하지 못하니, 결국 여성 혼자 과거 사회의 세 배 정도에 이르는 노동을 감수해야 하는 셈이다.

임산부나 어린 자녀를 둔 여성에 대한 우리 사회의 대접은 무관심에 가깝다. 임신한 여성은 개인적인 행복은 누릴지 모르지만, 사회적 행복은 기대하기 어렵다. 현실이 이러한데 여성이 임신을 쉽게 결정할 수 있을까? 이제 여성의 임신은 개인적인 문제를 넘어 사회적인 문제가 되었다. 예산을 배정하고 대중교통에 자리를 배정하는 것 이상의 사회적 대처가 있어야 할 것이다.

임신한 여성이 긍정적인 마음을 가질 수 있는 환경도 조성되어야 한다. 임신 때문에 회사 출근에 지장이 생기고 이를 벌충해야 하는 상황이라면, 그리고 이를 보완하더라도 주변 동료들의 따가운 시선을 감내해야 한다면 임신 자체가 부담일 수밖에 없다. 이런 어려움이 개선되지 않는다면 출산율의 반등은 기대할 수 없다. 저출산 현상은 임신 시기의 불공정함에 대한 여성들의 무의식적 분노의 결과로 봐야 한다. 따라서 불공정함과 부정적인 마음의 원인을 알아내어 근본적인 문제를 해결해야 한다.

임신과 출산에 대한 사회적 인식이나 대우, 가족과의 관계에서 오는 불공정함을 알아보고, 저출산이 사회적 문제가 되었다면 국가와 사회의 대책에 대한 불만, 임신과 출산 그리고 육아기의 직장에서의 대우와 관련된 부정적인 정서 등이 여성의 관점에서 정리되어야 한다. 저출산은 늦은 결혼과 관련이 있다. 여성들이 빠른 결혼을 선호할 수 있는 환경이 조성되고 그에 따른 문화가 자리 잡는 것이 궁극적인 해결책이 될 수 있다. 그중에서도 빠르게 시행할 수 있고 문화적으로 교정 가능한 게 육아 대책이다. 육아 중인 여성이 정상적인 사회생활과 가정생활을 할 수 있도록 국가와 가족 간 대책이 마련되어야 한다.

사람에 따라 화가 나는 상황이 다르다. 불안한 상황을 만들고, 시간을 지키지 않고, 잔소리가 많고, 현명하지 못하게 행동하는 상대 때문에 화를 내는 사람도 있지만, 표정이 마음에 안 들어서, 턱을 쳐들고 말해서, 말투가 깔보는 것 같아서 등 일반적으로 문제 삼지 않는 것에 화를 내는 사람도 있다. 분노에 인지적 요소가 가미되면서 개인의 사고와 생각에 따라 각자의 분노가 만들어지기 시작했다. 동물적 감정의 영역을 넘어 인간만의 주관적인 분노가 나오게 된 것이다.

인간의 분노는 대부분 같은 집단 내의 관계를 교정하기 위해 작동되지만, 적대적 분노도 함께 한다. 전쟁과 같이 파괴적 속성을 지닌 분노가 존재해야만 국가와 집단의 안녕이 보장될 수 있기 때문이다. 자국을 침범한 상대 국가에 대해 분노가 작동되지 않으면 전쟁을 위한 군대를 구성할 수 없다. 특별한 상황에서만 작동되지만, 그렇지 않으면 그 국가는 존립할 수 없다. 그래서 인간은 이 공격적이고 파괴적인 속성의 분노도 보유해야만 하는 모순이 생긴다. 이 파괴적이고 공격적인 분노가 일상생활에서 규제되지 못하고 흘러나오고, 타인과 교류가 어려운 주관적 분노까지 더해지면서 분노가 남용된다. 이해하기 어려운 분노가 세상에 퍼져 있는 것이다.

제 6 장

분
노
의

남
용

인간은 어떻게
분노를 잘못 사용하는가?

남용될 수 있는 분노의 속성들

☀ 삶에 반드시 필요한 부정적인 감정

살다 보면 긍정적 감정을 느끼기도 하고 부정적 감정을 느끼기도 한다. 긍정적인 감정을 느끼면 행복하나 안타깝게도 그 순간이 길지 않다. 속상하게도 통증, 먹고 살 걱정, 불안, 안타까움, 섭섭함, 슬픔, 억울함 그리고 화 같은 부정적인 감정을 느끼는 순간이 더 많다. 이런 감정이 너무 많아서 스트레스를 받지만, 부정적 정서가 많은 이유는 어렵고 힘들어도 그만큼 소중한 가치를 가지고 있기 때문이다.

뇌는 기분이 좋으면 긍정적인 정서를, 기분이 안 좋으면 부정적인 정서를 느끼게 진화했다. 긍정적인 정서만 느낀다면 삶이 행복할까? 그렇지 않다. 행복은커녕 생명을 유지할 수조차 없다. 부정적인 정서는 삶의 부족한 부분을 찾아내어 대처하게 한다. 예컨대 배고픔과 불안을 느끼지 못하면 하루도 생명을 유지할 수 없듯이, 부정적인 정서는 긍정적인 정서를 누리고 살기 위한 조건을 충족시키기 위해 존재한다.

물론 부정적인 정서가 제대로 작동해야만 그 기능이 달성된다. 그렇지 못하면 부작용이 너무나도 큰데, 유독 인간만이 부정적 정서를 잘못 사용하고 있다. 남용하고 있는 것이다. 다른 동물은 부정적인 정서를 남용하는 법이 없다. 이 장에서는 인간이 어떻게 분노를 잘못 사용하는지를 이야기하고자 한다. 인간의 분노는 어떻게 다르고, 실생활에서 인간에게 해를 주는 분노에는 어떤 것이 있는지 살펴보자.

※ 인간 분노의 파괴적 속성

인간의 분노는 대체로 집단 내의 관계를 교정하기 위해 작동되지만, 전쟁 상황과 같이 파괴적 속성을 지닌 분노가 존재해야만 국가와 집단의 안녕이 보장될 때도 있다. 자국을 침범한 적국에 대해 구성원들이 분노하지 않으면 전쟁을 위한 군대를 구성할 수 없다. 이런 분노는 전쟁과 같이 특별한 상황에서만 필요하다. 분노가 작동되지 않으면 그 국가는 존립할 수 없게 되기 때문이다.

그래서 인간은 공격적이고 파괴적인 속성의 분노를 보유해야만 한다는 모순이 존재한다. 공격적이고 파괴적인 분노는 일상생활에서 규제되고 통제되어야 하지만, 특정 상황에서는 작동되어야만 하기에 남용할 소지가 늘 존재한다. 전쟁 상황이 아니더라도 개인이 자신이나 가족의 생명을 지키기 위해 특별한 상황에서는 작동될 필요가 있다.

인간 분노의 파괴적 속성은 인지적 요소 때문이다. 즉 생각이 분노에 관여한다는 뜻이다. 인간의 분노는 관계에서 생긴 상처로부터 온다. 생각이 관여하기에 주관적이고, 그래서 외부에서는 그 분노가 얼마나 큰지 알 수가 없다. 동시에 이 분노는 축적될 수 있으며, 끝내는 복수의 형태로 나올 수도 있다. 주관적으로 자신만 인지하는 분노가 장시간 축적되면 다른 사람을 파괴하는 게 목적인 분노가 나올 수 있는 것이다. 이때 목적은 많은 사람의 생명을 앗아가는 것이다.

복수는 다양한 모습으로 표출되는데 아랍과 이스라엘처럼 끝없는 공격과 보복이 이어지는 전쟁의 형태로, 혹은 용서할 수 없는 가족을 향해, 혹은 자신과 관련없는 일반인을 대상으로 표출될 수 있다. 생각에 의해 분노가 나오기에 그 생각이 만들어지는 과정에 따라 어떤 형태의 파괴적 분노가 나올지 예측하기도 어렵다. 동시에 인간의 발전된 문명을 파괴의 도구로 사용할 수도 있다.

☼ 억압, 축척, 발현되는 분노의 단계

《너》라는 책에서 나는 분노를 생성기, 축적기, 발현기, 표현기, 발산기 등 5단계로 구분했다. 동물은 분노해야 하는 상황에서 행동해야 생존할 수 있다. 하지만 인간은 다르다. 생존을 위한 분노도 있지만, 상대에게 '화가 났음'을 알려 주려는 목적이 더 크다. 언어를 가지고 있는 인간은 분노를 생각하고 사고한다. 그래서 왜, 어떻게, 얼마만큼 화가 났는지를 표현한다.

그렇게 표현했다면 이는 표현기가 된다. 그 화가 통제할 수 없을 정도로 나왔다면 발산기에 해당한다. 이런 분노가 대부분일 것으로 생각할 수 있지만, 이렇게 표현되고 발산되는 화는 극히 일부다. 생활에서 오는 분노는 당사자도 그것을 인지하지 못하는 경우가 대부분이다. 상담에서 오십 평생 부모에게 분노를 품고 있었음을 모르고 있다가 그 사실을 알고 오열하는 사람도 있다.

사람들은 대부분 자신에게 어떤 분노가 있는지 모른 채 살아간다. 생성기, 축적기 그리고 발현기의 분노들이 여기에 해당한다. 인간은 인간 관계를 맺을 때마다 무의식과 의식에서 분석하고 그 결과를 저장한다. 의식에서 화가 나도 표현하지 않거나 무의식에만 머물러 있다면 언어화되지 않는다. 즉 화가 났다고 생각하지 못하는 것이다. 인지하지 못하는 화는 생성기, 축적기, 발현기에 존재한다.

　분노는 하루에도 수없이 일상에서 나왔다 사라진다. 대부분은 생각(인지)에 다다르지 못한 채 사라지고, 일부만이 남아(생성기) 축적되며, 축적되는 과정(축적기)에서 또다시 일부가 마음속 의식의 영역에 도달한다. 그것 때문에 화가 난다고 느끼는 것인데, 외부로는 나타나지 않는 단계다. 표정(정서)으로 나오지 않은 단계지만, 발현기가 되면 짜증이나 불만 같은 부정적인 정서로 상대에게 전달되기 시작한다.

　분노가 발현되면 표정이나 말투와 같이 정서의 형태로 먼저 나타난다. 상대가 알아챌 수 있게 하기 위해서다. 하지만 사람에 따라 정서를 읽는 능력이 떨어져 이를 알아채지 못하면 이 통로는 제대로 작동되지 못하며, 그 분노는 길을 잃는다. 전달되는 과정에서 주된 역할을 담당하는 정서가 기능을 발휘하지 못하는 것이다. 그러면 교류가 이루어지지 않아 분노의 강도는 커지게 된다.

　표현된 상대의 화를 받아들인다면, 다음 단계는 생각(인지)의 영역에서 이를 점검하는 것이다. 이때 화의 대상은 본능적으로 상대의 화에 초점을 맞추기보다, 자신의 잘못을 먼저 점검한다. 그러면 교류의 교정은 진전되기 어렵다. 화난 사람에겐 자신의 상처가 먼저고, 다음이 상대의 잘못 여부다. 화의 대상이 자신이 잘못 없다고 결론 내린다면 불통의 상황이 된다.

하지만 화를 표출한 사람의 상처에 대해 이해해 주고, 그에 합당한 사과가 이루어진다면 화는 종료된다. 그뿐 아니라 상처를 말하고 이해하는 과정에서 두 사람은 마음을 주고받아 행복한 교류의 호르몬이 분비되며, 그 정도에 따라 절정의 행복감을 느낄 수 있다. 이것이 분노의 긍정적인 기능이다. 두 사람은 상처 이전보다 더 강한 유대감을 느끼게 된다. 그러나 교류가 진전되지 않으면 발산기가 되면서 분노 조절 기능의 한계를 뛰어넘어 공격성이 교류를 압도한다. 이제는 이해받는 게 목적이 아니다. 자기 분노의 정당성과 상대의 불공정성에만 집착해 무차별적 공격성이 표출된다. 심하면 상대가 가진 인간으로서의 가치도 존중하지 않으려 한다. 공감력을 잃어버려 공격성을 제어하지 못하고, 상대가 입을 상처와 두려움의 정서도 읽지 못한다. 분노가 전전두엽의 정서 조절 기능을 압도한 것이다.

모든 분노가 5단계를 거치는 것은 아니다. 건강한 분노는 곧 표현되고 해결되면 사라진다. 문제는 표현되지 못한 분노가 내면에 축적되는 것이다. 축적되기 전에 사라지기도 하지만, 일부는 축적되어 정서적으로 발현되기도 하고 건강하게 말로 표현되어 해결되기도 한다. 일부는 발현과 표현 후 상대의 반응에 따라 다시 철회되기도 한다. 그러다가 축적된 일부가 급격히 의식에 나와 발현과 표현을 빠르게 지나쳐 파괴적으로 발산되기도 한다. 늦된 사춘기나 황혼 이혼의 분노가 이런 경우다. 어떤 경우든 정서적 억압에 의해 강하게 누적되던 분노가 터져 나오면 대부분 발산기의 파괴적 분노가 된다.

☀ 분노에 생각이 가미되면서 나오는 주관성

분노에 생각의 요소가 크게 개입하면서, 개인에 따라 분노를 느끼는 영역도 매우 다양하고 광범위해졌다. 각자의 삶 또는 가치관과 문화에 따라 분노하는 이유가 천차만별이 된 것이다. 상대의 문화를 모르면 분노의 원인을 알 수 없을 정도다. 살아온 삶의 경로에 따라 분노를 느끼는 지점이 제각각이니, 분노가 극도의 주관성을 지니게 된 것이다. 그래서 상담자는 내담자의 분노를 알기 위해 개인의 삶과 인간관계를 분석해야 한다.

분노가 생각(인지)을 갖고 있다고 해서 말로 다 표현되는 것은 아니다. 왜 화가 났는지 설명하지 못하는 경우도 많고, 싸울 때 "화난 걸 꼭 말로 해야 알아?"라고 말하는 사람도 많다. 그 결과 주변 사람은 왜 화가 났는지, 그 정도까지 화를 낼 만한 일인지 알지 못하는 경우를 쉽게 볼 수 있다. 주관적이기에 말하지 않으면 유추하기는 불가능하고, 그래서 화난 원인을 잘 모르고 충돌하는 경우가 많다.

이 주관성은 분노의 원인을 알기 어렵다는 단점이 있는 반면, 그만큼 분노의 원인이 세분화되어 교류의 정밀도를 높일 수 있다는 장점도 있다. 세밀한 부분에서의 문제가 분노를 일으키는 것은 그만큼 교류의 정밀도를 높일 수 있다는 반증일 수도 있다. 인간 삶이 복잡해지고 문화가 다양해질수록 분노의 원인도 다양해지고 세분화된다. 이는 분노가 남용될 수 있는 원인이기도 하다.

※ 객관성이 결여된 분노의 남용

분노는 주관적인 감정인 동시에 객관성을 지녀야 한다. 분노의 대상자가 정당성을 인정하고 받아들여야 하며, 주변 관찰자들 역시 화날 만한 일이라고 평가하면 객관적인 공정성을 인정받는다. 모든 화는 주관적 관점에서 만들어진다. 따라서 화를 낼 때는 먼저 그 화를 상대가 받아들일 수 있는지를 점검해야 한다. 최소한의 객관성을 확보하기 위해서다.

예를 들어 보자. 가족여행 중에 남편이 여성 가이드를 사랑스런 눈빛으로 쳐다본다고 화를 내는 부인이 있다. 여행 내내 부인이 지적하고 남편은 아니라고 부인하면서 말다툼이 이어지다 여행 막바지에 크게 충돌한다. 여행에 동행한 자녀들이 아빠의 그런 모습을 보지 못했다고 해도 부인은 자신보다 남편을 더 잘 아는 사람은 없다며, 남편이 뭐든 다 들어주는 허용적인 아빠여서 아이들이 편을 드는 것이라고 주장한다.

하지만 가까운 주변인의 동의를 받지 못하는 화는 사회에서 인정받기 어렵다. 주관적 느낌이 정당한 화로 인정받기 위해서는 한 사람의 마음으로는 부족하다. 다른 사람의 합의, 즉 객관성이 있어야 한다. 그래야 비로소 정당성이 확보된다.

하지만 주의해야 할 것도 있다. 여러 사람이 동조한다고 반드시 객관성이 확보되는 것은 아니라는 점이다. 종교적인 견해나 정치적 이념 그리고 가치관에 의해 특정 집단 내에서만 통용되는 분노가 다른 집단을 향할 때는 '객관성을 가진 것처럼 보이는' 극단적인 분노가 남용된다는 사실을 역사가 증명한다. 이와 유사한 일도 벌어질 수 있음을 주의해야 한다.

남용되는 분노의 예

☼ 압도당한 분노, 로드 레이지

평상시 분노를 억눌러 온 사람일수록 운전대를 잡으면 쉽고 강하게 분노할 가능성이 크다. 이처럼 운전 중에 극단적으로 분노를 표출하는 것을 '로드 레이지'라고 한다. 평상시엔 괜찮다가 운전할 때만 그런다면 다른 이유로 축적된 분노가 운전 중에만 파괴적으로 발산되는 것이다.

운전 중에 과격한 분노가 표출되므로 상대뿐 아니라 자신의 목숨까지 위험할 수 있다. 도로에서 상대를 응징하려고 하는 행위는 위험한 자동차 경주를 하며 결투하는 것과 같다. 자동차와 자동차의 대결이라 대화도 불가능한 데다, 상대를 자기만의 생각으로 판단하기 때문에 오류의 가능성이 크다. 해결될 수 없는 분노만 표출하는 것이다. 익명의 상황에서 자신과 상대방의 목숨을 걸고 자신의 화와 아무 관계 없고 결투할 의도도 없는 사람을 공격하는 것이 과연 무슨 가치가 있을까?

☀ 훌리건들의 무분별한 난동

축구가 큰 인기를 얻고 있는 국가일수록 훌리건들이 자주 목격된다. 그중에서도 영국의 훌리건은 악명 높은데, 1964년 페루와 아르헨티나 축구 경기에서는 이들의 난동으로 관중 300명이 사망하고 5천 명이 부상을 입기도 했다. 축구 경기는 상징적으로 전쟁과 유사하지만, 이런 무차별적 폭력이 일어나는 것을 보면 분노는 언제든 이런 극단적인 폭력으로 변할 위험성이 있다.

한 집단이 타 집단을 공격하는 일은 역사에서 무수히 있어 왔다. 인간의 본성에 집단적 무차별 폭력이 일어날 가능성은 늘 있으며, 그래서 현대 사회는 이런 일이 쉽게 일어나지 않게 하는 장치를 대비해야 한다. 이렇게 같은 생각을 가진 사람들이 집단으로 폭력을 일으키는 것은, 집단에 속한 사람들끼리 생각이 같다는 이유로 마치 자신들이 객관성을 확보한 것처럼 여기기 때문이다. 그 결과 폭력이 정당화되는 것처럼 행동하며, 이로 인해 더 큰 파괴와 폭력이 초래될 수 있다.

※ 회사에 만연한 '직장 내 괴롭힘'

'직장 내 괴롭힘'이라고도 하고 '힘희롱(Power Harassment)'이라고도 한다. 특정 직장 상사를 두려워하는 직원들이 있다면 여기에 해당될 가능성이 높다. 자신의 성과를 위해 직원들을 혹사시키는 상사도 여기에 포함된다. 사회가 발전하기 전에는 상사가 부하 직원에게 화를 내고 질타하는 모습을 흔히 볼 수 있었는데, 서류를 집어던지고 면전에서 욕설을 퍼붓는 것은 예사였다. 이런 식으로 부하 직원을 착취해 일 잘하는 상사로 인정받던 시절도 있었지만, 사회가 발전하면서 아랫사람에게 모욕과 면박을 주는 것을 사회적 범죄로 인식하는 분위기가 형성되었다.

힘희롱은 일본에서 먼저 문제가 되었다. 이런 문화가 만연한 회사는 결국 직원들의 사기가 떨어지고 회사의 이미지가 실추되어 이를 적극적으로 교정하려는 사회 분위기가 만들어지고 있다. 하지만 외형적인 폭력은 사라졌어도 직장 내에서는 광범위한 힘을 사용해 상대를 굴복시키거나 괴롭히는 일이 여전

히 벌이지고 있다. 과도한 일을 강요하거나 지나친 복종을 요구
하는 것도 이에 해당한다.

☆ 분노를 외도로 푸는 사람들

외도를 하는 원인은 보통 세 가지다. 먼저 충동 조절에 문제
가 있는 동시에 배우자에 대한 공감 능력이 떨어지는 경우다.
저개발 사회에서 만연한 외도의 가장 큰 원인으로, 죄책감도 배
우자의 아픔에 대한 공감도 작동하지 않는다. 인격의 성숙도에
문제가 있는 것이다. 두 번째는 습관적인 바람둥이인 경우이고,
마지막은 배우자에 대한 희망이 없는 경우다. 이를 '절망적 출
구로써의 외도'라고 한다. 배우자와의 관계 개선에 희망이 없을
때 내재된 분노가 외도의 형태로 남용되는 것이다. 배우자와 교
류하지 못하거나 최소한의 대우를 받지 못해 줄곧 배척당한 이
들로, 강한 부인에게 무시당하면서 지배받고 있다고 생각하는
남성, 남편이 일만 하고 가정에 무심해 교류가 끊겼다고 생각하
는 부인이 이런 외도에 빠지곤 한다.

남편은 사업 때문에 지방 출장이 잦고, 주말에도 같이 있는
시간이 거의 없다. 외로움에 지친 부인이 이렇게 살 수 없다고,
우울증에 빠질 것 같다고 말해도 남편은 늘 조금만 더 참으라는
말뿐이다. 술에 빠져 사는 날이 많아진 아내를 남편은 대수롭
지 않게 바라볼 뿐이다. 어느 날 부인은 친한 친구로부터 미국

에 이민 간 남자 동창이 얼마 전 한국에 왔다는 소식을 듣는다. 같은 초등학교를 나온 세 사람은 며칠 동안 몰려다니다가, 남자 동창이 제주도에 사업차 갈 일이 있다는 말을 듣고는 어쩌다 따라가게 된다. 남편에게는 여자 동창과 간다고 말했지만, 남편은 결국 아내가 거짓말했다는 사실을 알게 된다.

부인은 남자 동창과 사랑에 빠지고 싶은 마음은 전혀 없었다. 그렇지만 "매력 있고 젊다"고 말해 주고, 힘든 결혼 생활 이야기도 자상하게 들어 주며, 분위기 좋은 카페에 같이 가 주는 그와 함께 있는 시간이 좋았던 건 사실이다. 부인은 자신의 마음을 남편에게 솔직하게 알렸다. 남자 동창과 있는 시간이 좋았지만, 그를 사랑하는 건 아니라고. 자신은 여전히 남편만을 사랑하지만 이렇게 되었기에 이혼을 원한다고 말했다.

부인은 자신의 마음을 받아 주지 않는 남편에게 절망적 분노를 품고 있었다. 사업차 늘 전국을 돌아다니다가 집에는 아주 잠깐 들르는 시늉만 하는 남편, 괴롭다는 아내의 말을 들은 척도 하지 않은 남보다 못한 남편이었다. 부인이 더는 당신에게 기대하는 것도, 미워하는 마음도 없다고 말하자 남편은 그제야 미안하다고 사과했다. 그렇게 만든 것이 자신이라는 걸 깨달은 것이다. 이처럼 절망적 분노를 이해받을 가능성이 있다면 문제가 해결될 여지는 있다. 하지만 교류되지 않아 풀릴 수 없는 분노를 외도로 남용하면 부부 모두 절망적 상태에 빠지게 된다.

☼ 분노로 자신을 파괴하는 청소년

부모가 훈육이라 여기고 한 행동을 자녀는 자율성의 침해로 받아들이는 경우가 많다. 맞벌이하는 부모는 아들이 중학교에 진학 후 성적이 떨어지는 것이 걱정스럽다. 게임을 너무 많이 하는 것이 제일 불만이었다. 부모는 자신들이 집에 없는 동안에 아들을 규제할 방법을 찾다가 집에 CCTV를 설치한다. 갈등은 계속되고, 아들이 몰래 핸드폰으로 게임을 하자 핸드폰도 빼앗는다. 저항하던 아들은 엄마에게 대들었고, 아버지는 아들을 과할 정도로 때렸다. 그 후 아들은 가출을 했고, 얼마 지나지 않아 경찰서에서 연락이 왔다. 아들이 친구와 같이 오토바이를 훔쳐 무면허로 과속 주행하다가 큰 사고가 났다는 것이다. 사춘기를 지나는 자녀들이 부모와의 관계에서 행동 제한과 폭력을 당하면 이렇게 자신을 파괴하는 행위로 이어지기 쉽다.

모든 아이가 다 반항하는 건 아니다. 어떤 아이는 부모의 간섭을 받아들이지만, 실질적으로는 아무것도 하지 않음으로써 자신을 방치한다. 학교에 대한 흥미도 잃고 공부도 포기해 버린다. 위험한 행동을 해 사고를 치거나, 아무것도 하지 않고 외톨이처럼 지내는 것은 결국은 자신을 파괴하는 행위다. 분노가 자신에게 향해 스스로를 파괴하는 것이다. 그러면 어떤 부모도 이런 자녀를 통제할 수 없다. 예방만이 문제를 피하는 길이다.

☀ 격노하는 지도자

과거부터 대통령들이 격노했다는 뉴스를 자주 접했다. 지도자의 분노는 집단 구성원에게 부정적인 정서를 전달한다. 그 원형은 아버지의 분노이다. 아이에게 아버지의 분노는 두려움 그 자체다. 세상을 모르는 아이는 아버지의 분노에서 잘못을 알게 되고, 이에 대한 교정이 세상 적응에 기본적인 지침이 된다. 그러나 성인이 된 자녀에게 아버지의 분노는 의미가 다르다. 성인이 된 아들과 아버지 사이의 분노는 아들의 잘못을 지적하는 형태로 보이지만, 실상은 성인이 된 아들이 자신과 다른 결정을 한 것에 대한 분노, 즉 서로 다름의 충돌이다.

지도자가 격노한 이유는 무엇이었을까? 효율적이지 못함에 대한 분노는 아닐 것이다. 대통령은 수많은 전문가의 조언을 통합적으로 조정한다. 효율에 관한 것은 그 분야의 전문가들이 훨씬 더 깊이 있게 안다. 자신의 마음과 다름에 대한 분노였다면 문제가 있다. 나아가 대통령의 격노가 두려워 참모들이 소신 있게 말하지 못한다면 국민을 위해 그 자리에 있으면 안 된다.

민주주의 국가에서 대통령은 국민 위에 군림하는 사람이 아니다. 국민을 위해 가장 높은 위치에서 봉사하는 사람이다. 전문적인 영역이든, 정치적인 상황이든 대통령의 격노는 있어서는 안 될 행동이다. 그 분노는 정당할 수 없기 때문이다. 더구나 대통령의 사적 영역에 대한 공공의 견해에 대해 격노한다면, 그 분노는 결코 정당성을 확보할 수 없다. 그러한 격노는 대통령이기에 더더욱 해서는 안 되는 것이다.

정당성을 갖지 못한 분노가 난무하는 사회는 후퇴하고 만다. 대통령이 내각 구성원이나 보좌진에게 분노를 표현할 수 있는 경우는 한 가지밖에 없다. 그들이 국가에 해가 되는 행위를 하거나 국가 발전에 도움이 되지 않는 명확한 사항이 있을 경우다. 그래도 격노할 필요는 없다. 격정적 감정보다는 분노의 원인을 알려 주면 될 일이다.

지도자의 격노는 국가를 운영하는 데 부작용을 준다. 격노 때문에 언로가 막히면 국정은 원활히 운영될 수 없다. 현대 국가의 지도자와 국민은 부모 자식 관계가 아니다. 대통령에게 그런 권리가 부여된 적도 없다. 민주주의 사회에서는 누구나 불만을 말할 수 있어야 하며, 자유로운 의견 개진을 격노로 막는다면 궁극적으로 심한 저항에 직면하게 된다.

※ 남용될 수 있는 공공의 분노

2003년 미국은 이라크를 침공하고 독재자 후세인을 생포하기 위해 전면적인 전쟁을 일으켰다. 대량 살상 무기를 불법으로 보유하고, 테러를 지원하여 세계 평화를 위협했기에 그를 제거해야 한다는 것이 명분이었다. 매스컴에서는 후세인의 호화 생활과 무자비한 통치 그리고 그들 집단으로부터 박해받은 정적들의 삶을 조명했다. 그 결과 사람들은 독재자 후세인에게 강한 적개심을 품었다.

전쟁 상황은 역사상 처음으로 언론에 실시간 보도되었다. 막대한 비용이 들어가는 전쟁이었지만 후세인에 대한 분노가 정당성을 부여했다. 결국 후세인은 체포되어 처형되었지만, 전쟁의 명분이었던 세계 평화를 위협하는 대량 살상 무기들은 발견하지 못했다. 과연 전쟁을 일으킬 만큼의 상황이었느냐를 따지기 전에, 후세인에 대한 국민적 분노를 이용해 미국이 자국의 이익을 위한 전쟁을 벌였다는 평가를 받을 수밖에 없었다.

2008년 정부는 광우병을 일으킬 수 있는 위험 부위의 수입을 허용하는 내용이 포함된 미국과의 쇠고기 협상 결과를 발표했다. 미국에서 광우병이 발생해도 우리가 수입을 중단할 수 없는 것 등의 불공정한 협상 내용이 발표되자 국민은 불안에 휩싸였다. 협상이 일방적이고 졸속으로 진행됐을 가능성이 제기되면서 공포가 확산되었다.

정부의 협상 내용은 2006년 30개월 미만의 뼈 없는 살코기만을 수입한다는 내용에서 크게 후퇴한 것이었다. 1단계로 30개월 미만의 뼈를 포함한 미국산 소고기 수입을 먼저 허용하고, 2단계로 미국에서 동물사료 금지 조치를 강화하면 광우병의 발병 위험이 있을 수 있는 30개월 이상의 쇠고기도 수입하기로 했다는 것이다. 아울러 미국에서 광우병이 발생해도 곧바로 수입

금지 조치를 내릴 수 없도록 한 것이 결정적인 불안 요인이었다.

불안과 공포를 느낀 국민들은 정부 당국에 강한 분노의 감정을 갖게 되었다. 현대 사회의 정상 국가 대통령이 국민의 생명을 담보로 미국에 유리한 협상을 한 것으로 받아들이게 된 것이다. 그런데 정부는 이런 상황에서 국민이 과학적 근거 없는 불안감으로 잘못된 판단을 하고 있다며, 정부 협상에 문제가 없다고 발표했다.

이후 국내에 광우병으로 사망한 사람은 한 명도 없었다. 결과적으로 당시 정부가 갖고 있던 정보가 더 정확했을 수도 있다. 하지만 협상 내용과 진행 과정을 보면 국민이 불안을 느낄 수 있는 여지가 너무 많았다. 정부의 잘못은 국민의 불안을 감정의 영역이 아닌 과학으로 설득할 수 있다고 생각한 것이다. 처음부터 투명하게 협상 과정을 밝히고 국민의 이해를 구했다면 그런 사태까지 이르지 않을 수 있었다.

국민들은 분노할 수 있다. 하지만 공공의 분노는 사회에 명백히 해를 끼치는 조건에서만 작동되어야 한다. 지금 누구나 미국산 소고기를 먹는다. 당시 진영 논리가 광우병에 대한 과도한 불안을 부추기고 정치적인 목적으로 이를 이용했다면, 그래서 국민적 분노가 형성되었다면 분노가 공적으로 남용된 것이다. 이러한 일은 역사에서 수없이 되풀이되었다. 시간이 지나 진실이 밝혀지고 분노가 남용된 것이 드러난다면 그에 대한 냉정한 평가가 반드시 뒤따라야 한다.

☀ 다름을 분노의 대상으로 삼는 사람들

인간 삶에서 가장 심하게 분노가 남용된 사례 중 하나가 '다름'을 분노의 대상으로 삼는 경우다. 그 다름이 지역이든, 성별이든, 신분이든, 가치관의 차이든 마찬가지다. 노예 제도와 같이 불공정한 관계에 대한 정치 사회적 분노는 정당성이 인정되지만 진보와 보수, 지역의 차이, 그리고 성별 차이에 의한 다름을 분노의 대상으로 삼는 것은 결국 그들이 속한 사회의 힘을 약화시킬 뿐이다.

진보와 보수는 서로 다른 장단점이 있다. 부부도 마찬가지다. 저축을 선호하는 전략이나 적절히 소비하며 사는 걸 선호하는 전략이나 어느 것이 옳다고 말할 수 없다. 서로 다른 것이지 어느 쪽이 더 우월하다고 할 수 없는 것이다. 우리나라 역대 정권도 마찬가지다. 사회에 이바지한 정도가 시대적 상황에 따라 차이는 있지만, 어느 쪽이 더 옳았다고 말할 수는 없다.

그런데도 각 정당은 서로 상대가 잘못했다고 비난을 일삼는다. 마치 상대 정당의 정책이 국가를 위험에 빠뜨릴 것처럼 공격하지만, 어느 나라든 진보 정당이나 보수 정당 중 어느 쪽이 더 도덕적이고 우월하다는 객관적 증거는 없다. 우리나라도 마찬가지다. 진보가 더 잘하거나 보수가 더 잘 운영하는 정책이 있을 뿐이다.

　서로 다른 전략을 가진 정당이 존재하는 것은 그 시기의 국정 상황에서 더 효율적으로 대처하는 정당을 선택하기 위해서이다. 각 시기에 상대 정당의 정책이 국가를 위험에 빠뜨릴 수 있다고 생각한다면, 그리고 상대가 도덕적인 문제를 가지고 있다면 분노할 수 있다. 이 분노는 문제를 교정하기 위한 것이지 상대를 공격해 파괴하기 위한 것이 아니다. 극렬한 대립은 국가를 위험에 빠뜨리거나 위기 상황에서 효율적인 대처를 할 수 없게 한다.

　정당이 자신들만 옳다고 주장하는 것은 개인이 자신만 옳다고 주장하는 것과 별반 다를 게 없다. 상대 정책의 문제점을 지적하고, 그보다 우월한 정책을 개발해 제시하는 것을 목표로 의정 활동을 해야 하는데, 거친 언어로 상대를 공격하고 도덕성을 흠집 내며 자신들만 옳다고 주장한다면 그 정당과 사회는 성숙하다고 볼 수 없다. 상대를 저주하고 싸움만 하는 정치는 국민의 삶만 피곤하게 할 뿐이다.

해결되기 어려운 분노의 남용 사례

☀ 남용된 분노에 똑같이 대응하는 사람들

부인은 남편이 퇴근이 늦어지고 출장이 잦아지자 외도를 의심한다. 뭐가 좋은지 전에 없던 콧노래를 흥얼거리고, 젊은 취향의 옷을 입는가 하면, 피부과에 다녀온 영수증도 발견했다. 그러던 중 우연히 남편 핸드폰에서 여자와 골프를 친 흔적을 발견한다. 골프장에 몇 시까지 가야 하는지 묻는 문자였다. 거래처 여사장 중 이혼한 여성이 있는데 그녀가 확실해 보였다. 그때 남편이 들어와서 그 이상은 확인하지 못하고 넘어갔지만, 다음에 또 영수증이 발견되자 부인은 낮에 어디 갔는지 꼬치꼬치 물었고, 남편은 쓸데없는 걸 물어본다고 도리어 화를 냈다.

그러자 부인은 며칠 전 것까지 따져 물었다. 남편은 아니라고 하더니 영수증을 증거로 내밀자 꼬리를 내렸다. 거래처 사장과 큰 건을 성사하기 위해 갔다는 것이다. 그 여성과 함께 간 것도 인정했다. 부인은 골프 가방을 뒤져 이미 스코어 카드까지 모아 놓았다. 몇 번 갔느냐고 물으니 남편은 다섯 번이라고 틀린 대답을 했고, 그날 부부는 밤새 싸웠다. 부인은 그 후로 남편의 모든 사항을 의심하고 확인하려 들었다. 어느 골프장에 몇 번 갔느냐로 싸우고, 언제 갔느냐는 물음에 답하지 못한다고 싸웠다. 남편이 조금이라도 틀린 대답을 하면 거짓으로 단정지으며 외도 증거라고 했다.

남편이 정직하지 못한 것은 맞다. 처음부터 거짓말을 했고, 골프장에 간 횟수도 정확하게 말하지 못했다. 하지만 세부적인 사항을 모두 기억하기란 불가능하다. 그래서 언제 어느 골프장에 갔느냐는 부인의 질문에 정확한 답을 할 수 없었다. 부인은 이것이 거짓말의 증거라고 했다. 언제 어디서 몇 명이 식사했느냐의 객관적 수치를 물어보는데, 남편의 답이 틀리면 그 자체로 외도하고 거짓말하는 죄인 취급을 했다. 부인은 남편이 무언가를 더 노출시키지 않으려 거짓말한다고 생각하고, 지난 몇 개월간 남편 행적을 숫자와 기억의 맞고 틀림을 기준으로 매일 밤 따지면서 외도로 단정했다.

본래 부인은 남편의 삶에 간섭하는 사람이 아니었다. 늦게 귀가하든 주말에 친구들과 산에 가든 골프 여행을 가든 개의치 않았다. 자녀들 뒷바라지만 하다가 이제 시간 여유가 생겨 남편과 함께하고 싶은데, 남편은 여유 시간이 많아지는데도 아내는 뒷전이고 친구들과 노는 걸 좋아했다. 남편 동창 부부들은 여행도 가고 함께하는 활동이 많은데, 남편은 그런 타입이 아니었다. 이번 사건을 통해 남편은 자신이 얼마나 잘못했는지, 쓸데없는 화를 남용했는지 깨닫고 진심으로 사과했다. 하지만 부인은 우연히 본 문자 메시지를 잊을 수 없었고, 억눌러 온 분노를 어찌하지 못했다.

남편은 횟수와 날짜를 매일 밤 확인하면서 잠을 재우지 않고 싸우려고만 하는 부인에게 지쳐 버렸다. 그 여성과 몇 차례 골프를 친 건 맞지만 분명 외도는 아니었다. 그런데 "몇 번 쳤느냐?" "어디서 쳤느냐?" "무슨 음식을 먹었느냐?" 등 거래처 여사장과의 세부적인 만남에 대해 꼬치꼬치 캐물으니 미칠 노릇이었다. 그런 세부 사항 하나하나를 누가 다 기억한다고 아내는 밤마다 이 난리를 치는 걸까. 그러든 말든 부인은 남편의 '거짓말'에만 꽂혀 있었다. 부인에게는 거짓말이 외도의 증거여서, 끝까지 거짓말을 밝혀내야 한다고 생각하는 것이다. 하지만 부인이 이렇게까지 하는 내면에는 그동안 자신이 받은 대접에 대한 분노가 깔려 있었다.

남편은 경제적 여유가 있으면서도 생활비를 빠듯하게 주고, 모든 재산을 자기 명의로 두었다. 자녀들에게는 베풀 줄 알았지만, 부인에게는 그러지 않았다. 얼마 전엔 며느리에게 목돈을 주려다가 들통 난 적이 있었다. 그런 일도 함께 상의하지 않았을 만큼 자신을 무시하고 인색한 남편이었지만, 부인은 그런 남편을 성심성의껏 대하고 자유롭게 생활하도록 내버려 두었다. 그랬던 부인이 이렇게 된 것은 남편의 불공정한 대접에 의한 분노가 축적되었기 때문이다.

부모를 일찍 여읜 부인은 남편 앞에서 자기주장을 할 줄 몰랐다. 남편은 그런 부인을 무심하게 대했고, 부인은 할 말 못 하고, 대접받지 못한 삶을 오래도록 살아왔다. 그러다 외도 증거를 잡은 것이다. 자기주장 한번 못 해 본 부인은 외도 정도로 큰 일이 일어나고 나서야 비로소 주도권을 잡고 항의하게 된다. 그러나 너무 순진하고 고지식했던 탓에 객관적인 증거에만 집착했고, 남편이 틀린 대답을 할 때마다 강한 분노를 사용하다 보니 남편이 잘못을 뉘우쳐도 해결되지 않는 상태가 된 것이다. 결국 분노가 남용되다 보니 문제를 해결할 수 없는 상황이 되고 말았다. 남용된 분노에 똑같이 대응한 셈이다.

☼ 습관적인 짜증과 분노 그리고 우울

모든 분노에는 원인이 있다. 그런데 원인을 제공하지 않았는데도 가족에게 습관적으로 짜증과 신경질을 내는 경우가 있다. 분노의 원인은 따로 있는데 잘못 없는 가족에게 짜증을 내는 것이다. 남편과의 관계가 불만인 부인이 자녀들에게 신경질과 짜증을 내는 게 흔한 예다. 이런 형태의 분노가 계속되다 보면 대상이 되는 자녀에게 부정적인 감정이 축적된다. 별일 아닌 일에 신경질을 내는 엄마에게 자녀가 "내가 뭘 잘못했다고 짜증이야?"라고 항의하면 "그런 적이 없다"는 식의 소모적인 갈등이 지속된다. 짜증은 자녀에게 내지만 자녀 때문에 화난 것은 아니기에 '짜증 낸 적이 없다'고 부정하는 것이다. 이런 현상은 남편과의 관계에서 성처받아 우울감이 있거나 월경전 증후군을 앓는 여성에게서 쉽게 볼 수 있다. 스트레스를 받거나 피곤해도, 또 신체적인 이상이 있어도 짜증과 신경질을 내는 것이다. 분노를 일으킨 당사자가 아닌 사람에게 향하는 이런 분노는 해결될 길이 없다.

자녀가 어머니가 화난 이유를 알고 있다면 참아 낼 것이다. 하지만 시간이 지나면 짜증에 짜증으로 반응하게 된다. 상대의 짜증을 공격으로 인식하기 때문이다. 가정 내에 습관적으로 짜증을 내는 사람이 있으면 가족 구성원 모두에게 짜증이 전파되어 집안 분위기가 어두워진다. 가족 모두가 짜증의 희생자가 되는 셈이다.

축적된 짜증은 시간이 지나며 언제 터질지 모를 화가 되어 해결되기 어려운 큰 충돌을 일으킬 수 있다. 따라서 습관적으로 짜증 내는 사람이 있다면 화의 원인을 찾아내야 한다. 그리고 누적된 분노가 우울증이 되었을 가능성도 고려해 봐야 한다. 의료적 치료가 도움이 될 수 있지만 원인을 찾아 교정하지 않으면 원천적인 해결은 불가능하다. 원인을 찾지 않는 짜증은 주변 모두를 불행하게 만드는 무가치한 분노다.

☀ 풀기 어려운 해결점을 요구하는 경우

큰며느리인 부인의 상처는 명확하다. 시어머니는 할 도리를 다하지만 곰 같은 첫째 며느리에겐 늘 함부로 대했고, 직장을 다닌다는 이유로 시댁 일에 무관심한 채 용돈만 챙겨 주는 둘째 며느리에게는 살갑게 대했다. 명절 때마다 억울해하던 부인은 유방암에 걸린 후 더는 참고 살지 않겠노라 선언했고, 명절에 일하지 않는 동서와 편애하는 시어머니에게 정식으로 문제를 제기했다.

그러자 둘째 며느리는 명절에 일하지 않는 이유가 형님(큰며느리) 때문이라고 항변했다. 첫 명절에 자신더러 "어쩌면 그렇게 일을 못하느냐. 그러면 다시 해야 하니 차라리 하지 않는 게 도와주는 거다"라고 했다는 거다. 부인이 그런 말 한 적 없다고 말하려는 순간, 갈등을 싫어하는 남편이 인상을 쓰기에 참았다.

남편도 명절에 부인만 일하는 것을 못마땅해하고 제수씨를 좋게 보지 않았다. 하지만 집안의 평화를 위해서 말린 건데, 사이가 좋지 않은 동생은 형과 달리 무조건 자기 부인 편만 들었다. 자기 처는 어린아이들을 돌봐야 하기에 일하지 못하게 한다며, 오히려 어떻게 자기 처에게 그런 무례한 말을 했냐며 형수에게 화를 냈다. 남편이 말리지 않았으면 부인은 상황을 제대로 설명할 수 있었는데 그러지 못했다.

둘째 며느리에게 했다는 그 말은 시동생 부부가 결혼하기 전, 인사하러 왔을 때 한 것이었다. 예비 동서가 부엌일을 돕겠다고 하기에, 직장 다니느라 피곤하고 집안일도 서툴 테니 그러

지 말고 시어머니와 대화하라고 한 말을 동서가 와전해 버린 것
이다. 예비 신부의 첫 방문에 호의를 베푼 것을, 일 못한다고 비
난한 것처럼 말하니 분통이 터졌다.

부인은 말을 못 하게 만류한 남편에게 더 화가 났다. 남편은
신혼 초부터 시어머니 때문에 힘들다고 말해도 귀담아듣지 않
았다. 그래도 잘 넘기며 살았는데, 둘째 며느리가 들어온 후 갈
등이 깊어진 것이다. 동서는 일하지 않고 자신만 일하는데도 이
를 방치하는 시어머니에게 불만이 터져 나왔다. 그런데도 문제
를 제기하려 하면 시동생이 되레 더 화를 내니, 결국 부인은 동
서와 시동생으로부터 거짓말에 대해 공개 사과를 받기 전에는
시댁에 가지 않겠다고 선언했다.

남편은 난감했다. 아내는 바른 사람이지만 고집이 세서 타
협하지 않는 것을 알기 때문이다. 그 후로 공개 사과를 받겠다
는 부인과 그러지 말고 자신이 잘하겠다는 남편의 충돌이 몇 개
월째 계속되었다. 사과를 받아야 억울함이 풀리겠지만, 시동생
부부가 그 제안을 받아들일 가능성은 희박하다. 갈등은 항상 관
계 속에서 발생하므로 상대가 받아들여야만 풀 수 있다. 부인의
억울함이 아무리 크다 하더라도 상대가 받아들일 수 없는 조건
은 갈등만 키울 것이고, 그러면 이 또한 분노를 남용하는 경우
에 해당한다.

❄ 상대의 잘못을 반드시 교정해야 하는 사람

양말을 빨래통에 넣지 않는다고 자녀들에게 늘 화내는 어머니가 있다. 기침을 달고 살면서 담배를 끊지 않는 아들에게 매번 화내다 이제는 인연을 끊겠다고 선언한 아버지도 있다. 나이든 딸이 결혼하지 않는다고 눈만 뜨면 잔소리하는 부모, 방을 지우지 않고 어지럽히기만 한다고 자녀들과 아침마다 충돌하는 부모도 있다.

맞는 말이다. 담배도 술도 끊는 것이 옳다. 결혼은 당사자도 너무 하고 싶을 것이다. 그래도 할 수 없는 것이 결혼이고 끊기 어려운 것이 술 담배다. 생활 속의 잘못된 버릇이 고쳐지지 않는다고 잔소리하고, 듣지 않는다고 화를 내고, 그런 잔소리 탓에 짜증으로 매일 싸우는 집안이 얼마나 많은지 모른다.

담배를 끊지 못하는 남편을 내쫓은 부인이 있다. 담배는 본인뿐 아니라 가족의 생명을 위협하는 원인인데, 그럼에도 담배를 피운다는 건 자기 욕구만 채우는 이기적인 행동이라는 것이다. 맞는 말이다. 그런데 남편은 늘 과중한 스트레스 상황에 놓여 있다. 경기가 어려워 사업을 접을까 말까 고민이 많다. 자신도 담배가 건강에 안 좋다는 것쯤은 알고 있지만, 집에 오면 담배 문제 외에도 불만이 많아 매일 충돌하는 부인 때문에 안 피울 수가 없다.

생활의 잘못은 교정돼야 하고, 술 담배는 끊고 건강하게 살아야 하는 것은 맞다. 하지만 잘못이 교정되지 않는데, 몇 년 동안 똑같은 문제로 충돌한다면 생각해 봐야 한다. 변화되지 않아서 매일 화를 내는 것이 옳은 일일까? 그리고 모든 인간은 생활 속의 문제점을 갖고 있다. 바르게 살아야 하지만 잘못 없이 바르게만 사는 사람은 존재하지 않는다.

인간은 모두 결점을 가지고 있다. 내가 평생 교정하지 못한 생활 속의 소소한 잘못은 가족에게도 있을 수 있다. 나의 잘못된 습관은 고치지 못하면서 상대의 그것은 꼭 고쳐야 한다고 화를 내는 것은 모순이다. 몇 년을 고치지 못한 상대의 잘못은 잔소리나 지적, 화로 교정할 수 있는 것이 아니다. 다른 방법을 찾아야 하는데 매일 화만 지속한다면 이 역시 남용의 소지가 크다.

그렇다고 잘못을 지적하지 않을 수는 없다. 특히 결혼 초의 잘못된 습관은 교정해야 한다. 자기 전 양치질을 하지 않는 사람이라도 결혼하면 이를 교정해야 한다. 배우자에게 그만한 고통이 없기 때문이다. 휴지를 방안에 함부로 버리는 행동도 마찬가지다. 하지만 교정되지 않아 매일 동일한 문제로 화내고 짜증낸다면 어느 시점에서 이보다 다른 해결점을 찾아야 한다. 그리고 그 결정은 이를수록 좋다.

☀ 부정적 예측으로 관계를 해치는 사람

관계에서 일어나는 같은 현상도 개인마다 다르게 받아들인다. 누군가 친절하게 다가오면 좋게 해석하는 사람도 있지만, 자신을 이용해 손해를 끼칠 의도가 있다고 해석하는 사람도 있다. 남편이 토요일에 데이트하자고 하면 행복해하는 사람이 있는 반면, 일요일에 친구들과 놀러 가기 위한 포석이라고 생각하는 부인도 있다. 사람마다 성격적으로, 혹은 두 사람의 과거 관계를 근거로 다른 예측을 하는 거다.

남편이 일요일에 친구들과 놀기 위해 토요일 데이트를 제안했다고 하자. 토요일이 즐거우면 상관없다고 생각하는 부인이 있는 반면, 그런 의도라면 절대 토요일 데이트를 하지 않겠다고 분노하는 부인도 있을 것이다. 부정적인 예측은 위험을 대비하기 위해 생존에 꼭 필요하지만, 남용되면 피해의식에 빠지고 스트레스를 달고 살게 된다.

부정적 예측이 과도하면 자신과 주변인 모두 고통스럽다. 손해 보지 않기 위해 행복한 삶을 포기하는 셈이기 때문이다. 부정적 예측은 긍정적인 삶을 즐길 기회를 박탈한다. 그러므로 부정적인 예측으로 분노해서 사랑하는 사람과의 관계를 해치고 있지 않은지 점검이 필요하다.

☼ 상대가 자신의 마음을 알면서 무시한다는 사람

상대의 행동은 예측해야 한다. 그러나 지나치면 문제가 된다. 부정적인 예측도 그렇지만, 상대가 자신의 마음을 당연히 안다고 예측하는 것도 문제다. 젊은 남편이 퇴근이 늦었다. 공교롭게도 그 시간은 두 살 된 아들이 잠을 잘 때였다. 씻지 않고 자는 것을 부인이 싫어해서 조용히 샤워하고 누웠는데 부인이 아이가 깨면 어떻게 하려고 샤워했냐며 화를 냈다. 낮에 전화할 때 아이가 칭얼대어 힘들다고 말했는데 이 시간에 깨우려는 것이냐며 짜증을 부렸다. 다음날은 야근이라 10시경 퇴근했다. 이번에는 아이가 깰까 봐 씻지 않고 자리에 누웠더니 왜 씻지 않았느냐며 잔소리다. 오늘은 아이 상태가 좋다고 말했는데, 왜 자신을 화나게 만드냐는 것이다.

부부는 함께 살기에 상대의 행동을 어느 정도 예측할 수 있다. 하지만 정확한 예측은 불가능하다. 그런데 배우자가 자기 마음을 다 알고 있다고 생각하는 경우가 많다. 노부부도 마찬가지다. 함께한 세월이 있으니 대충 말해도 찰떡같이 눈치챌 수 있다고 생각하지만, 상대를 언제나 제대로 예측하긴 어렵다. 예측 불가능한 상황에서도 배우자가 자신의 의도를 안다고 단정하고 화낸다면 이도 남용의 우려가 있다.

바라는 것이 있으면 알려 주어야 한다. 그런데 자존심이 상해서 말해 줄 수 없다고 말하는 배우자도 있다. 자신의 마음을 알고 있으면서 일부러 모른 척한다고 생각하기도 한다. 그러나 남편이 그 마음을 알고 있을 가능성은 거의 없다. 그러면 원하는 것을 받아낼 수 없다. 남성은 객관적으로 말해 주지 않으면 여자 마음을 제대로 알지 못한다. 말해 주지 않으면서 상대가 내 마음을 알아주길 기대해서는 안 된다.

☀ 공정하지 못한 잣대를 적용하는 경우

시어머니가 일어나려는 아들과 며느리에게 점심을 먹고 가라고 한다. 명절인데 오후에 오는 시누이 가족들을 봐야 하지 않겠느냐는 것이다. 며느리가 자기 생각만 하고, 오빠 부부와 조카들을 보고 싶어 하는 시누이 생각은 왜 하지 않느냐며 섭섭해했다. 부부는 전날 시댁에서 자고 아침에 친정으로 갈 예정이었다. 점심 먹고 떠나면 밤중에야 친정에 도착한다. 그래서 이번에는 일찍 일어났는데, 시어머니가 화내면서 정이 없다고 야단을 친다. 시누가 조카들이 보고 싶어서 시댁엔 인사만 하고 온다고 했다는 것이다.

남편은 매년 그렇듯이 어머니가 원하니 또 주저앉으려는 눈치다. 하지만 부인은 다르다. 친정아버지가 편찮으셔서 제대로 된 저녁이라도 함께하고 싶어 시댁에서 아침만 먹고 떠나기로 남편과 미리 약속했다. 매번 시댁에서 점심 먹고 치우고 친정에 가면 저녁 늦게 도착해서 대충 인사만 하고 돌아왔다. "당신 딸이 조카를 보고 싶은 것은 알면서, 어떻게 며느리가 친정에 가고 싶은 것은 그리도 모르십니까?" 며느리는 시어머니에게 이렇게 말하고 싶지만 하지 못했다. 시누는 매년 명절에 와서 종일 친정에서 지낸다. 같은 며느리인데 두 사람의 처지는 이렇게 다르다. 어째서 시어머니는 딸은 친정에 일찍 와야 한다고 생각하면서, 며느리가 친정 가는 것에 대해서는 저리도 박할까?

반대로 친정과 시댁을 대하는 태도가 다른 부인들도 있다. 친정에서 많이 도와주었다고 살갑게 대하면서 형편이 어려운 시댁에는 그렇게 하지 않는 것이다. 사람들은 공정하게 살려고 노력하지만, 실제로는 그렇지 못한 경우가 너무나 많다. 각자 나름의 공정에 대한 잣대를 적용하지만, 인간사에는 이러한 잣대가 무한대로 많기 때문이다. 한쪽에서는 경제적인 공정함을 우선으로 하고, 다른 쪽에서는 인간적 도리의 공정함을 더 우선한다. 처가에 경제적인 지원은 잘하나 방문하기는 꺼리는 남편에게 부인이 불만을 가질 수 있다. 사람들은 무의식적으로 상대도 자신과 같은 공정함의 잣대를 가졌을 거라 여긴다.

가족처럼 친밀하고 오래 같이 사는 경우, 그 관계가 깊어질수록 여러 변수가 생기기 마련이다. 공정함의 잣대가 자주 변하는 것이다. 그래서 관계가 불공정하다고 서로 인식할 수 있다. 상대가 불공정하다고 화를 낸다면, 자신의 관점에서 불공정을 판정하지 말고 상대의 관점에서 고려해 봐야 한다. 예측하지 말고 상대에게 정확히 물어봐야만 한다.

분노를 부정적인 감정으로 인식하고 무조건 배척하는 것은 바람직하지 않다. 그보다는 분노의 순기능을 찾아야 한다. 분노는 원천적으로 자신을 보호하기 위해 작동한다. 이때 상대를 지나치게 공격하는 용도로 분노를 사용하지는 말아야 한다. 복수 역시 마찬가지다. 인간 사회에서 복수는 궁극적으로 아무 이익도 주지 않는다. 복수가 성공한다 해도 곧바로 상대의 보복 공격이 시작되는 끊임없는 소모전이 기다리고 있을 뿐이다.

2천 년 전의 주요 종교에서 이런 악순환을 끊고 사랑으로 다스리도록 함으로써 인간 정신세계를 한층 성숙하게 하는 지름길을 열어 주었다. 인간 사회에 만연했던 복수를 사랑으로 승화시킨 것이다. 그로부터 시작된 분노에 대한 대처는 분노를 새로운 시각으로 바라보게 했고, 인간 삶에 긍정적인 감정으로 기능할 수 있는 길을 터 주었다.

제 7 장

세
련
된　분
노

분노를 긍정적으로 활용하려면
어떻게 해야 할까?

강아지의 '화'를 통한 소통

우리 강아지 이름은 꽁이다. 나이는 열다섯 살이며 특이하게 오이를 좋아한다. 오이 냄새가 나면 꼬리를 흔들며 달라고 하고 모른 척하면 짖거나 앞발로 내 발을 긁는다. 놈의 마음은 이런 것 같다. '왜 내 권리인 오이를 주지 않아! 나 화났어!'

우리 가족은 꽁이에게 반드시 사료만 먹인다. 건강을 해칠까 봐 걱정해서다. 하지만 오이만은 예외다. 오이는 꽁이를 위한 특식인 셈이다. 그래서 오이 냄새만 나면 달라고 당당히 요구하고, 주지 않으면 권리를 침해받은 것처럼 화를 낸다.

그러고 보니 순둥이 꽁이가 화를 내는 경우는 의외로 많다. 꽁이는 그날 잘 방을 스스로 결정한다. 함께 자기 싫으면 침대 모서리에서 내려달라는 시늉을 하며 꼬리를 흔들고 우리를 쳐다보다가 짖기 시작한다. 그러다 내려 주면 우리 부부방이든 아들 방이든 딸 방이든 자고 싶은 방에 가서 침대에 올려 달라는 사인을 보낸다.

나는 녀석을 껴안고 자는 것을 좋아한다. 하지만 15년 동안 녀석은 한 번도 이런 나의 바람을 들어준 적이 없다. 겨우 1분 정도만 참아 주고는 언제나 내 품에서 나가 버린다. 강제로 녀석을 오래 품으면 앓는 소리를 내고 한숨까지 쉬며 힘들어서 우리가 지고 만다.

녀석은 결국 자기 좋은 대로 산다. 잘 때도 우리 발 쪽에 자리를 잡고는 머리를 우리와 정반대에 둔다. 그리고 자기 등의 일부가 우리 발에 약간 닿을 정도로만 접촉한다. 더 가까이 다가가면 녀석은 멀어진다. 우린 그런 꽁이를 자기주장이 강하고 하고 싶은 대로 하고 사는 강아지라고 말한다.

그런 녀석의 단점은 너무 쉽게 화를 내는 것이다. 하지만 착하고 순하며 나대지 않는다. 우리는 녀석이 우울해하는 것을 본 적이 없다. 녀석의 표정은 늘 밝고 명랑하다. 게다가 귀가하면 녀석과 꼭 해야 하는 의례가 있다. 녀석은 퇴근한 가족이 누구든 눈을 마주칠 때까지 따라다니며 무언가를 갈망하는 눈길을 보낸다. 만져 달라는 것이다. 그것도 격렬하게. 그러면서 놈은 자기 몸을 우리 다리 사이에 격하게 밀착시킨다. 그럴 때 녀석의 표정은 황홀하다. 만져 주는 시간은 딱 1분 정도여야 한다. 그 시간을 초과하면 어처구니없게도 신경질을 낸다.

녀석만의 특징은 또 있다. 꽁이만큼 가족이 외출하는 것을 반기는 강아지는 없을 것이다. 혼자 두고 나가는 게 안쓰러워 가족이 나갈 때는 늘 간식을 주었던 탓에 외출하는 기미가 보이면 졸졸 따라다니거나 간식이 있는 옷방 앞에서 기다린다. 꼭 빌려준 돈을 받으러 온 사람 같다. 옷 입느라 늦게 주면 앞발로 긁고, 주는 것을 잊고 외출하면 세상 제일 실망한 표정을 짓는다.

나는 이런 꽁이가 좋다. 하고 싶은 대로 하지만 무리한 것을 요구하지 않는다. 받아야 할 만큼 받고 누려야 할 만큼 누리고 산다. 그것이 행복이 아닐까? 자기 권리를 정당하게 주장하고, 주변 사람들은 그 정당한 권리를 보장해 준다. 권리가 지켜지지 않는다면 어떻게 하는 것이 답일까? 꽁이처럼 상대에게 무언가를 해야 하는 것이다.

꽁이는 권리를 보장받기 위해 화를 낸다. 짖지 않거나 긁지 않으면 우리는 꽁이의 마음을 알아채지 못했을 것이다. 이러한 행동들은 정당한 권리를 보장받지 못했을 때 상대에게 보내는 신호다. 오이를 주지 않을 때, 가만있어 못 먹는 것보다는 정당하게 화를 내는 것이 좋은 결과를 가져온다. 전제는 주변과 이런 관계가 형성되어 있어야 한다는 것이다.

또 다른 조건도 있다. 꽁이의 화가 우리를 괴롭히지는 않는 것이다. 녀석은 권리를 보장받지 못했다는 신호를 보내기 위해 화를 내는 것이지, 우리를 미워하거나 아프게 하려고 화내지는 않는다. 꽁이가 자기 권리를 정당하게 요구하는 것을 우리 가족은 예쁘게 보았고, 때론 너무 귀여워 일부러 녀석의 권리를 침해하기도 했다. 하지만 꽁이는 지금 우리 곁에 없다.

행복하게 살기 위한 가장 중요한 조건은 하고 싶은 대로 하고 하기 싫은 것은 하지 않는 것이다. 얼마 전 꽁이 얘기를 하면서 딸이 하던 말이 기억난다. 자기는 아빠가 꽁이를 그렇게 키운 것을 알고 있었다고. 꽁이에게 화를 표현하는 법을 가르쳐 자기가 원하는 삶을 살 수 있게 하려던 걸 알고 있었다고 말이다. 딸의 말처럼 우리 가족은 꽁이의 자연스러운 감정을 존중하고, 놈을 우리에게 맞추는 것이 아니라 놈이 내는 감정을 그대로 인정하기로 했다. 어린 꽁이가 싫다는 표정을 지으면 곧바로 놀이를 중단하고 싫어하는 것을 받아들였다.

그러려면 먼저 꽁이에게 부정적인 정서를 가르쳐야 했다. 으르렁거리고 화난 표정을 지으면 원하는 것을 들어 주는 것이다. 그러면서 꽁이와 우리 가족은 서로 나름 공정한 계약을 했다. 꽁이는 정해진 자리에 용변을 보아야 했고, 실수를 하면 혼나지는 않지만 지적당했다. 사료를 주식으로 하지만 가끔 오이는 먹을 수 있게 해 줬다. 녀석을 두고 외출할 때는 간식을 주었고, 돌아오면 놈이 좋아하는 스킨십을 해 주되 시간은 꽁이가 결정하게 했다. 녀석과의 관계 속에 그런 무언의 계약을 한 거다. 이때 가장 중요한 것이 꽁이의 '분노'를 사회적 분노로 만들도록 한 과정이다. 어린 꽁이의 화인 '으르렁거림'을 존중해 주어 교류의 수단으로서 기능하도록 한 것이다.

부모는 자녀를 사랑한다. 하지만 자녀가 정당한 대접을 받지 못했다고 느낄 때 드러내는 부정적인 행위를 알아줘야 할지에 대해 의문을 가진다. 칭얼거림이나 투정은 대표적인 부정적 정서다. 자녀의 부정적 정서를 무조건 좋지 못한 것으로 여기고 있지는 않은지, 들어주면 버릇이 나빠질 거라고 생각하지는 않는지 점검할 필요가 있다. 꽁이는 부정적 정서를 존중받아 행복하게 살아갔다.

사회적 동물은 관계 속에 지켜야 할 것을 습득해야 한다. 아이들은 부모와의 관계를 통해 교류하는 법을 알아간다. 자녀가 부정적 정서를 존중하고 표현하도록 가르치면 더 밝고 행복하게 성장할 것이다. 경쟁에서 이기는 것보다, 동료와의 관계에서 교류할 줄 아는 아이로 성장하게 하는 것이 아이의 앞날에 더 큰 이익이 될 수 있다.

자신을 성장시키는 분노

BTS를 만든 방시혁 대표는 언젠가 서울대 졸업식 축사에서 자신을 '분노의 화신'이라고 표현했다. 자신을 만든 에너지의 근원이 '분노'라는 것이다. 오늘의 빅히트 엔터테인먼트가 있기까지 떠오르는 이미지는 '분노하는 자신'이며, 적당히 일하는 무사안일한 태도에 '분노'하고 음악에 위로받는 팬들과의 약속을 배신할 수 없어 타협 없이 달려왔다고 했다.

먼저 본인이 속한 산업이 처한 상황(불공정한 거래 관행과 사회적 저평가)이 상식적이지 않아, 이에 분노했다. 팬들을 '빠순이'로 비하하고, 예술가들을 근거 없이 익명으로 비난하기 일쑤이며, 예술이 부당하게 유통되는 현실을 참기 힘들었다는 것이다. 그러면서 졸업생들에게도 그들이 일하는 영역에서 이런 부조리와 몰상식이 있다면 어떻게 할 것인가를 물었다.

그는 자신의 묘비에 '분노의 화신 방시혁, 행복하게 살다 감'이라고 새기면 좋겠고, 상식이 통하고 음악 콘텐츠가 정당한 평가를 받는 날까지 격하게 분노하고 소소하게 행복을 느끼며 살겠다는 말로 축사를 마쳤다. 이 축사가 주요 언론에 전문이 실릴 정도로 관심을 받은 이유는 무엇일까? 사회로 나가기 전 젊은 세대가 '분노'의 관점에서 어떻게 해야 자신을 성장시킬 수 있는지를 정확하게 알려 주기 때문이다.

자신은 습관적으로 화를 내면서 상대가 그 반응으로 퉁명스럽게 대한다고 화낸다면, 그 화는 공허하다. 화는 감정의 영역에서 나오지만, 이성의 영역에서 검증받는다. 방시혁 대표의 분노가 사회적 이슈가 된 것은 정당성이 받아들여졌기 때문이다. 부조리한 산업 관행과 제대로 평가받지 못함에 대한 분노는 정당하다. 더 사회적으로 귀감이 된 것은 완벽하지 못하고 적당히 처리하는 자신에 대한 분노도 포함되었기 때문이다.

누군가를 공격하기 위해서가 아니라 사회 구조를 발전시키는 데에 적극적으로 기여하도록 자신을 다그치기 위한 분노라면, 이는 사회와 자신에 긍정적 기능을 한다. 그러기 위해서는 자신과 타인의 감정을 정확히 인식하고, 자신의 분노가 사회에서 받아들여질지 철저히 점검해야 한다.

사랑과 분노가 종교의 주요 가르침인 이유

인간은 인지 혁명을 통해 많은 것을 이루었다. 그중 하나가 통제되지 않던 감정의 세계를 다루기 시작한 것이다. 종교에서 많이 다루는 것이 바로 사랑과 분노이며, '원수를 사랑하라'와 '화를 다스리는 법'이 주요 가르침이다. 자연스럽게 작동되고 있어서 사람들 사이에서 있는지 없는지 몰랐던 감정을 인지의 세계에서 객관적으로 다루기 시작한 이유는 사랑과 화의 실체를 알고 다스리는 것이 인간 삶의 핵심이기 때문이다.

수천 년 전의 인간 사회에서는 감정이 삶에 그대로 투영되었다. 화가 나면 공격하고, 갈등이 생기면 결투를 벌이고, 그 결과로 손상을 입으면 복수를 다짐했다. 이웃 집단끼리 해묵은 감정으로 싸움을 지속하고, 남자가 여자와 아이들을 힘으로 제압하고, 이웃끼리 갈등이 생기면 해결되지 못하는 상황이 사회를 지배했다. 힘 있는 자를 제외하고는 대부분이 폭력과 분노의 희생자로 힘들게 살아야 했다.

당시의 종교에서 '원수를 사랑하라'는 가르침이 나온 것은 크게 두 가지 관점으로 해석할 수 있다. 원수는 갈등으로 인해 살인이나 살상을 한 대상이다. 이때까지는 목숨을 건 복수가 사회적 정의를 실현하는 행위였다. 원수는 대개 동일 집단이거나 이웃의 구성원이었으며, 복수 행위는 집단을 약화시켰다. 복수 행위가 새로운 원한 관계를 만들고 또 다른 복수를 초래했기 때문이다. 여기서 생명을 담보로 하는 공격성인 분노에 대한 의문이 생기기 시작한다.

구성원 간의 이러한 잔인한 공격은 사회를 오히려 퇴보시킨다. 복수가 난무하는 사회는 결국 파멸의 길을 걸었다. 그렇다고 지금까지 정의로 여겨 온 복수를 하지 않는 것도 비겁한 행위였다. 여기에 선구적인 종교가 해답을 제시하자, 그만큼 성숙해진 당시 인간 정신세계가 이를 소화해 낸 것이다.

분노를 부정적인 감정으로 인식하고 무조건 배척하는 것은 바람직하지 않다. 그보다는 분노의 순기능을 찾아야 한다. 분노는 원천적으로 자신을 보호하기 위해 작동한다. 이때 상대를 지나치게 공격하는 용도로 분노를 사용하지는 말아야 한다. 복수역시 마찬가지다. 인간 사회에서 복수는 궁극적으로 아무 이익도 주지 않는다. 복수가 성공한다 해도 곧바로 상대의 보복 공격이 시작되는 끊임없는 소모전이 기다리고 있을 뿐이다.

2천 년 전의 주요 종교에서 이런 악순환을 끊고 사랑으로 다스리도록 함으로써 인간 정신세계를 한층 성숙하게 하는 지름길을 열어 주었다. 인간 사회에 만연했던 복수를 사랑으로 승화시킨 것이다. 그로부터 시작된 분노에 대한 대처는 분노를 새로운 시각으로 바라보게 했고, 인간 삶에 긍정적인 감정으로 기능할 수 있는 길을 터 주었다.

승화된 전쟁, 스포츠

인간의 위대한 업적 중 하나는 전쟁을 국가 간 대항전인 스포츠로 승화시킨 것이다. 분노는 인간의 생존에 필수적인 감정이지만, 통제를 벗어나면 언제든지 삶에 결정적 피해를 주므로 큰 틀 안에서 관리되어야 한다. 그런데 그 기능 일부를 스포츠가 담당하며 즐거움과 행복까지 제공한다.

스포츠는 승부가 갈리고, 뚜렷하게 편이 나뉘기 때문에 집중도가 높다. 전쟁하듯이 공격과 수비로 나뉘고, 팀워크에 따라 지도자가 결정적인 역할을 한다. 전쟁에서 지도자의 전술이 승패를 결정짓는 것과 같다. 따라서 관전할 때 국가 간 전쟁을 보듯이 몰입도가 높다.

스포츠에는 흥분과 분노가 난무한다. 공정하지 못한 판정에는 하늘을 찌를 듯 분노하고, 실수하는 자국 선수나 얄미울 만큼 잘하는 상대 선수에게는 화가 치밀기도 한다. 공격을 주저하거나 자신 없는 태도도 관중의 분노를 자아낸다. 스포츠에서 직접 폭력은 허용되지 않으며 반칙이나 폭력 행위를 저지르면 벌칙을 받는다. 전형적 놀이의 형태라 할 수 있다.

관람하는 사람들은 인간이 겪을 수 있는 대부분의 분노를 경험하고, 흥분하며 화를 낸다. 그러나 분노하는 것이 스포츠의 목표는 아니기에 통제된 분노만 허용된다. 스포츠는 동물과 아이들의 놀이와 같다. 전쟁놀이는 상처가 없다. 스포츠 역시 격렬한 경기로 승패를 가리지만, 상대에게 상처 주지 않는 통제된 분노가 가미된 큰 규모의 성인 놀이인 것이다.

스포츠에서 분노는 몰입을 위해 필요하다. 불공정한 행위에 분노하지 않는 사람은 없으며, 비효율적으로 행동하는 선수는 말 안 듣는 자식과 같다. 흥분을 통해 재미를 극대화시키는 것이 스포츠에서 분노의 역할이다. 짜릿한 흥분과 통제된 분노 속에서 재미를 선사하는 경쟁과 싸움은 인간이 만든 가장 흥미롭고 즐거운 유희다.

가상 세계나 문화 속에서의 분노

스포츠와 마찬가지로 가상 세계나 문화 속에서 경험하는 분노도 사람들에게 직접적으로 상처를 주지 않는다. 현대의 게임은 이미 주요 산업 대열에 올라섰다. 많은 게임이 분노와 폭력을 주요 대상으로 하는데, 이유는 간단하다. 너무나 재미있기 때문이다. 아마도 그만큼 분노와 폭력이 인간 삶에 필연적으로 필요하기 때문일 거다. 그런데 분노를 주제로 한 게임이나 영화 산업이 존재하는 이유가 단지 흥미만을 위해서일까?

분노의 감정은 인간 생존을 위해 반드시 필요하기에 절체절명의 순간, 작동되어야만 한다. 일례로 국가의 존립이 위태로우면 반드시 전쟁을 해야 하는 것과 같다. 전쟁 없는 기간이 길어질수록 인류는 전쟁하는 법을 잃어버린다. 그렇다고 항상 전쟁을 할 수도 없는 노릇이다. 가상 세계나 문화에 분노와 폭력이 단골 주제인 이유는 스포츠의 경우와 같다. 통제된 상황에서 분노의 감정과 행위를 다루고 보존했다가 결정적 시기에 작동시키기 위한 무의식적 집단 행위인 것이다.

하지만 문제점도 있다. 게임 중독이나, 가상 세계와 실제를 혼돈한 범죄가 늘어나는 것처럼 분노는 적절한 장치가 없으면 어느 순간 파괴적인 속성을 드러낸다. 스포츠가 분노를 승화시키는 정도만큼 가상 세계나 영화에서도 분노를 통제하기 위한 사회적 합의가 마련되고 실행되어야 하는 이유다. 그렇지 않으면 통제되지 않은 분노가 청소년과 성인들에 만연될 수 있다. 인류 멸망의 시나리오 중 하나가 반문명적 분노 집단이 지구를 멸망시킬 결정을 하는 것이다. 가상 세계와 문화 속 분노는 파괴로 인한 짜릿함을 넘어, 품격을 가질 수 있어야 한다.

자신을 향한 적절한 분노

중요한 축구 경기에서 패배한 국가대표 선수가 자책을 한다. 최선을 다하지 못함에 대해, 그리고 개인적인 감정에 휘둘려 경기에 부정적인 영향을 준 것에 대한 자책이었다. 손흥민처럼 최선을 다하고 늘 성숙한 태도로 자신보다는 팀원과 국민을 더 위하는 사람이 이런 태도를 취하는 것만 보아도 보는 사람의 마음이 정화된다. 이타적이면서 자신에겐 단호하다. 이런 것이

곧 자신을 향한 분노가 세련되게 보이는 경우라 할 수 있다.

자신을 향한 분노는 왜 존재할까? 자신의 발전을 위해 존재한다. 전날 잠을 못 이겨 시험을 망쳤을 때, 계약서의 세심한 부분을 놓쳐 집을 잘못 샀을 때, 함부로 말해서 가족의 마음을 아프게 했을 때, 술 취해서 그만 핸드폰을 잃어버렸을 때 자신을 향한 분노가 작동한다.

자신에게 분노하는 것은 다시는 그런 실수를 반복하지 않기 위해서다. 이 분노가 장기적으로 자신에게 작동하는 때도 있다. 열심히 공부하지 않거나, 운동을 게을리하는 자신에게 분노할 때다. 이는 효율적인 삶을 완성시키기 위한 분노다.

그런데 자신을 향한 분노는 너무 가혹하다는 단점을 지닌다. 가혹함이 지나쳐 자책에 이르게 하고, 자책의 공격성이 자신에게 상처를 줄 만큼 커지면 삶을 효율적으로 증진하기보다 자신을 무너뜨릴 수 있다. 힘을 내어 문제를 교정하는 것이 아니라 힘을 떨어뜨려 스스로 무력화하는 것이다. 과도한 자책이 회피를 위한 무의식적 방어가 되지 않도록 해야 한다.

전쟁이나, 생명을 담보할 때의 분노

이스라엘과 하마스의 전쟁, 우크라이나와 러시아의 전쟁 등은 전 세계 인류를 놀라게 한 사건이었다. 핵무기가 등장한 이후 문명화된 인간 사회에서 잔인한 살상이 벌어지는 전쟁은 거의 종식됐거나, 발발하더라도 우발적인 국지전에 그칠 것이라고 예측했다. 하지만 예측은 빗나갔고, 인간 본성에 전쟁 욕구가 늘 잠재해 있음을 다시 한번 확인했다.

전쟁을 막는 것이 최선이라는 것은 두말할 필요 없는 사실이지만, 만약 우리에게 전쟁이 일어나면 어떻게 대응하는 것이 세련된 행위일까? 당연히 국가와 국민을 보호하기 위해 생명을 걸고 싸워야 한다. 자신과 국가 그리고 국민의 안녕을 위해 가장 효율성 있는 방향으로 전쟁을 진행해야 한다. 여기에 가장 중요한 것이 자신의 생명을 아끼지 않는 극도의 이타성이다.

전쟁 중 국민은 자국 군대에 깊은 신뢰와 애정을 품는다. 이러한 열정적인 열광은 어떤 상황에 비할 수 없을 만큼 강력하다. 생명을 건 전쟁에서 국민의 결속력은 승패를 좌우하며, 전쟁 중의 분노는 자국민의 안녕을 지키는 데 집중된다. 국민은 군대를 신뢰하고, 군대는 국민을 위해 희생을 감수하는 것이 전쟁 상황에서 필요한 덕목이다. 전쟁 상황에서는 분노의 정도와 담대한 실천이 생존을 결정하기 때문이다.

상대를 공격하기 위해서가 아니리, 상대에게 분노의 원인을 알려 주어 원인을 교정할 수 있다면, 두 사람은 적대적 관계를 넘어 소통할 수 있게 된다. 서로가 스트레스로 인해 고통을 받는 대신 관계가 긍정적으로 변화하는 것이다. 그러면 두 사람 모두 애착과 교류의 호르몬이 왕성하게 분비되면서 관계가 더 가까워지고 결과적으로 갈등 전보다 더 큰 행복함을 느끼게 된다. 분노가 인간에게 부정적인 영향만 주는 것이 아니라, 행복으로 가는 길을 알려 주는 기능도 하는 것이다. 그 방법을 구체적으로 알아보자.

제8장

분노의 바른 사용법

분노를 어떻게
다뤄야 할까?

분노는 인간의 삶에 없어서는 안 될 감정이며 한순간도 작동을 멈춰서는 안 된다. 분노의 첫 번째 속성이 자기 보존이기 때문이다. 현대는 전쟁과 폭력 없이 살 수 있는 세상이 된 듯했지만, 몇 년 전부터 곳곳에서 전쟁과 전투가 지속되고 있다. 수년 내에 일어날 것으로 예견된 전쟁도 있다. 비단 전쟁이나 국가 간 갈등이 아니라도 지구상에는 분노가 난무하고 있다.

개인의 삶도 마찬가지다. 누구나 매일매일 분노를 경험한다. 분노는 자신을 지키기 위해 작동하며, 작동을 멈추면 지위나 체면과 재산을 지키기 어렵다. 그래서 무의식의 분노를 관장하는 영역은 늘 외부 세계를 평가 분석한다. 외부 환경이나 대상이 자신에게 위험이나 해를 주는지, 자신을 적절히 대우하는

지를 감시하는 것이다.

상대 역시 나와의 관계에서 분노 체계를 작동하므로 자신도 언제든 분노의 대상이 될 수 있다. 분노는 삶에서 수도 없이 나타났다 사라지므로 순간순간 분노 유발자가 되거나 그 희생자가 된다. 다만 인식하지 못할 뿐이다. 그런데 분노의 대상이 되는 것은 고통스럽다. 공격적 속성을 지녔기 때문이다.

분노에는 두 가지 상반된 방향이 있다. 본인의 분노를 다루어야 할 때와 분노의 대상이 되었을 때다. 분노는 한 방향으로만 향하지 않는다. 누군가가 분노하면 공격당하고, 그 순간 상대를 향한 분노로 반응해서 서로 공격하게 된다. 그렇다면 분노를 긍정적으로 다루는 방법이 있을까?

상대를 공격하기 위해서가 아니라, 상대에게 분노의 원인을 알려 주어 원인을 교정할 수 있다면, 두 사람은 적대적 관계를 넘어 소통할 수 있게 된다. 서로가 스트레스로 인해 고통을 받는 대신 관계가 긍정적으로 변화하는 것이다. 그러면 두 사람 모두 애착과 교류의 호르몬이 왕성하게 분비되면서 관계가 더 가까워지고 결과적으로 갈등 전보다 더 큰 행복함을 느끼게 된다. 분노가 인간에게 부정적인 영향만 주는 것이 아니라, 행복으로 가는 길을 알려 주는 기능도 하는 것이다. 그 방법을 구체적으로 알아보자.

분노를 다루는 바람직한 과정

① **먼저 분노의 존재를 인지해야 한다.** 분노는 관계에서 발생한다. 내가 상대에게 분노하고 있는지, 상대가 나에게 분노하고 있는지를 알아채야 한다. 분노는 부정적인 감정이므로, 막연히 부정적인 마음 상태로 느껴질 수 있다. 분노가 누적되지 않고 그 정도가 약하다면 알아채지 못할 수도 있다. 억압된 분노는 인지하기 어렵기 때문이다.

부정적인 감정을 느끼면 그렇게 느끼게 하는 ② **분노의 정체를 명확하게 구체화해야 한다.** 즉 느낌이라는 감정을 '무엇 때문에 화가 났다'라는 언어로 표현할 수 있어야 한다. 상대가 화가 났다고 표현했다면, 화가 난 경위를 구체적으로 알아야 한다. 이때 자신의 화든 상대의 화든 ③ **화가 난 원인은 반드시 의미가 있을 것으로 간주한다.** 나쁘거나 잘못된 것으로 그 의미를 축소하지 말아야 한다.

분노의 원인은 반드시 의미 있다는 것을 믿고 찾아야 한다. 일상적인 삶에서 작동되는 ④ **사회적 분노는 상대와 파괴적 싸움을 하는 데 궁극적 목적이 있는 게 아니다.** 공정하지 못하거나, 상처받는 것 등 관계에서의 문제가 원인이다. 그리고 이런 갈등은 대체로 친밀한 관계에서 발생한다. 따라서 ⑤ **원인을 찾아 교정하여 상대와의 불완전한 교류를 교정해 완성하는 것이**

분노의 궁극적 목적이다. 내가 왜 분노하는지를 상대에게 알려 주고, 상대가 받아들이는 과정을 통해 관계를 교정하는 것이다. 동시에 상대도 나에게 분노했는지를 물어야 한다. 상대가 나에게 분노해서 갈등이 생겼다면 마찬가지로 분노의 원인을 함께 찾아 나 역시 상대의 상처받은 마음을 이해해야 한다. ⑥ **분노의 교정은 새로운 사랑의 감정을 탄생시킨다.** 두 사람이 갈등 이전보다 더 굳건한 관계를 맺고 안정감과 행복을 경험하게 한다. 때론 분노의 해결이 사랑보다 더 관계를 밀착시켜 주기도 한다.

분노의 주관성과 객관성

분노를 적절하게 다루기 위해서는 두 가지 측면을 고려해야 한다. 하나는, 분노는 개체와 집단의 안녕과 생존을 위해 작동되기 때문에 위급하게 발휘될 수 있다는 것이다. 생존과 관련된 다급한 상황에서는 공격적이거나 파괴적 행위가 필수적으로 동반된다. 세계 각지에서 전쟁과 강력 범죄가 지속되고 있는 것을 보며, 우리는 파괴적 분노와도 함께 살 수밖에 없다는 사실을 받아들여야 한다.

이런 경우가 아니라면 분노는 교류를 위해 존재한다. 자신을 보호하는 동시에 상대와의 관계를 증진하는 목적도 가지고 있는 것이다. 원활한 교류가 이루어지려면 분노의 객관성과 주관성이 적절히 작동해야 하며, 그래야만 분노의 원인과 이에 맞는 해결점을 찾을 수 있다. 그러려면 나의 분노와 상대의 분노를 다른 방향으로 다루어야 한다.

상대에게 자신의 분노가 정당하게 받아들여지려면 분노가 객관성을 가져야 한다. 객관성이란 누구든 그런 상황에서 화날 수 있다고 인정하는 것이다. 자신만 가진 주관적 관점에서 내는 화는 상대가 이해하기도 받아들이기도 어렵다. 예컨대 '식사를 허겁지겁 빨리 먹는 사람에게 화가 난다'고 하면, 상대는 받아들이기 어렵다.

상대의 분노를 이해하고 받아들이기 위해서는 반대로 분노의 주관성에 초점을 두어야 한다. 만약 위와 같은 상황에서 그런 사람에 의해 상처받은 경험을 추정할 수 있다면, 그래서 나 혼자만이라도 이해해 준다면 상대는 자신이 정확히 이해받았다고 생각할 수 있다. 특히 부부와 같은 친밀한 관계에서 이런 이해하기 어려운 주관적 분노를 경험한다면 말도 안 되는 일로 화를 낸다고 하지 말고(상대의 분노가 객관적 타당성을 갖추지 못했더라도) 분노할 수도 있었을 거라 여기는 마음을 가져야 한다.

내 분노가 객관성을 가질 때 상대를 설득할 수 있고, 상대방이 표현하는 분노의 주관성을 존중할 때 그 아픔을 세세한 부분까지 깊이 이해할 수 있다. 그러면 분노의 긍정적인 기능이 잘 발휘되어 관계는 멋지게 회복된다. 개체와 집단의 안녕을 지키는 분노가 늘 작동되는 체계를 갖추어, 갈등이 건강하게 표현되고 이해받고 조정되어야 한다. 그럴 때 불행의 예방을 뛰어넘어 서로 이해하고 존중받고 사는 분노의 문명화를 이뤄 행복이 보장된 삶을 살 수 있다.

분노의 이해와 화합

분노는 속성상 또 다른 분노를 잉태한다. 공격당하면 반격하는 것이 인간의 본능이기 때문이다. 갈등을 겪는 한 부부가 있었다. 큰 잘못은 대부분 남편이 저질렀지만, 정작 남편도 생활의 소소한 영역에서 억울함을 느껴왔다. 깔끔한 남편은 어질러진 것을 그냥 두지 못해 부인보다 훨씬 더 집안일을 많이 하는 것이 불만스러웠다.

최근 남편과 부인이 많은 시간을 같이하며 부부 사이가 좋아졌는데, 역설적으로 남편의 잘못 때문이었다. 남편은 청소와 집안 정리를 더 많이 하는 것이 여전히 불만이긴 하나, 금전적으로 큰 손해를 본 자신을 너그럽게 용서한 부인이 고마워 일찍 퇴근했다. 그런데 사소한 일에 남편이 짜증을 내며 또다시 충돌이 벌어졌다.

　남편은 청소하다가 부인에게 도움을 청했다. 청소기 안에 모인 쓰레기를 비닐봉지에 담기 위해 남편이 봉지를 잡고 부인에게 청소기의 쓰레기를 털어 달라고 부탁한 것이다. 그런데 남편이 봉지를 대기도 전에 부인이 청소기를 먼저 흔드는 바람에 쓰레기 일부가 바닥에 떨어졌다. 남편은 습관적으로 짜증을 냈다. 부인이 덜렁거리고 세심하지 못한 것이 늘 불만이었기 때문이다. 순간 버럭 하는 남편에게 부인은 "청소기 한 번만 더 돌리면 되는데, 그게 뭐라고 그렇게까지 화내느냐"며 더 화를 냈다.

　전에 이런 갈등이 생기면 남편은 잘못을 인정하지 않는 부인에게 더 큰 화가 났었다. '부인이 자기 잘못을 절대 인정하지 않는 것'이 또 다른 불만이었기 때문이다. 그러면 부인은 남편의 큰 잘못들을 들춰냈고, 서로에 대한 공격으로 조그마한 갈등이 큰 싸움으로 이어져 며칠을 입을 닫고 살곤 했다. 그런데 이번엔 달랐다. 남편은 "청소기 한 번만 돌리면 되는데"란 부인의 말을 의미 있게 들은 것이다.

　상담에서 부인은 이를 '다툼'으로 인식한 반면, 남편은 기분 좋은 '충돌'로 인식했다. 한 번 더 청소기를 돌린 후 부인의 태도가 따뜻해진 탓이다. 본인보다 부인의 화가 더 정당함을 인정하니 사이가 좋아지고 아내가 사랑스럽게 보이기 시작했다. 그 정도에 짜증내기보다 청소기 한 번 더 돌리는 것이 훨씬 현명한 방법이라는 걸 깨달았다. 그 후 부부는 급속도로 사이가 좋아졌다. 이전의 짜증이 상대에 대한 이해로 바뀌니 부부 관계가 따뜻해지고 우아해졌다. 그렇다고 분노를 참기만 하는 것이 답은 아니다. 정당한 분노를 드러내고 이해받으면 이전보다 더 행복해지기 때문이다.

분노를 대하는 우리의 자세

얼마 전 손흥민 선수와 이강인 선수 사이의 갈등이 언론에 보도되었다. 자세한 상황은 알 수 없지만, 알려진 근거를 토대로 추정해 보면 다음과 같다.

첫째, 손흥민 선수와 이강인 선수 사이에 충돌이 있었다.

둘째, 이강인 선수를 비롯한 젊은 선수들이 저녁 식사 후 탁구를 치러 갔다.

셋째, 주장인 손흥민 선수는 저녁 식사 후 다음 시합을 위한 전체 모임을 하려 했다.

넷째, 김태환 선수가 탁구 치는 선수들에게 회의에 참석해야 한다고 전했다.

다섯째, 이에 이강인 선수가 반발하면서 거친 충돌이 일어났다.

여섯째, 말리는 과정에서 손흥민 선수가 손가락 부상을 입었다.

국민들은 격분했다. 이강인 선수가 손흥민 선수의 얼굴을 가격했다는 보도부터, 주장 말을 전달한 선배에게 욕설을 퍼부었다는 보도, 전부터 어린 선수가 선배들에게 버릇없는 행동을 했던 적이 있었다는 보도, 잘못했지만 선은 넘지 않았다는 보도도 있었다. "이강인만을 위한 팀이 되면 안 된다"고 했던 손흥민 선수의 과거 인터뷰도 회자되었다.

축구는 전쟁과 분노가 상징화된 스포츠다. 스포츠는 규칙을 지키며 부상 없이 치러지는 것이 원칙이며, 폭력이나 공정을 벗어난 위반 행위에는 벌점이라는 불리한 조건을 부여한다. 하지만 분노는 경기의 핵심 감정이다. 분노가 약하면 경기의 박진감과 생동감이 사라진다.

분노는 선수, 지도자 그리고 관중들에게서 나온다. 주 대상은 상대편이다. 그리고 그 감정은 경기 중에 주로 일어난다. 그러나 이번 충돌은 같은 팀 내에서, 휴식 중에 일어났다. 손흥민 선수에 대해서는 국민 대부분이 그 정당성을 인정한다. 설사 멱살잡이 같은 다소 과한 행동을 했더라도 경우에 벗어나지 않았을 것으로 추정한다.

반면 이강인 선수에 대해 국민 대부분이 격분했고, 팀에서 제외해야 한다는 말까지 나왔다. 감정을 조절하지 못했던 행동, 선배에게 버릇없게 굴던 일이 소환되었다. 국가대표 선수들은 일반인과 달리, 국제 경기라는 특별한 경험을 하며 국제 신사의 품격을 배우고 감정도 성숙해진다. 차범근, 박지성 그리고 손흥민 등은 이타성을 지닌 성숙한 모습으로 국민적 호감을 얻었다.

이강인 선수도 국제적 경험을 했지만, 자신의 세계가 더 강했다. 대여섯 살 때 마라도나를 능가할 선수가 되고 싶다는 포부를 가졌던 당찬 선수 아닌가. 하지만 국가대표팀은 팀을 개인보다 우선하는 문화를 만들어 왔다. 그래서 탁구 치지 말고 회의하자는 것을 어렵지 않게 결정했을 것이다. 어떤 이유였든 이강인 선수가 이를 공정하지 않다고 받아들였을 수 있다.

'탁구 치지 말라'라는 말처럼 '어떤 행동을 하지 말라는 것'은 행동 제한이며, 강한 분노를 불러일으킬 수 있다. 이에 동조하는 선수도 있었다면 그 '어떤 이유'가 있었을 수도 있다. 그 상황을 자세히 파악하고 MZ 세대의 관점도 고려해야 한다. 이들은 명백한 규정이 없으면 따르지 않고, 연대감을 위해 무조건 자신을 희생하지는 않는 세대이기 때문이다.

이강인 선수에게 강력한 제재를 가하면서 문제가 일단락된 듯했지만, 앞으로 비슷한 문제가 계속 생길 수 있고 이강인 같은 젊은 선수들이 또 나올 가능성 역시 너무나 많다. 이런 행동 제한에 대한 분노가 상황에 따라 굉장히 위험하게 표출될 수 있다는 사실을 감안해야 한다.

민주 국가에서 '누가 내 행동을 규제할 수 있는가?'의 문제는 보통 문제가 아닐 수 있다. 독재 국가에서 국민 삶을 강요할 때의 분노만큼, 무의식적으로 반응할 수 있기 때문이다. 폭력적 분노가 나올 수 있다는 것이다. 이는 행동 제한에 대한 공정성이 명백히 규정되면 해결될 수 있는 문제다.

그래서 이번 사건은 지도자의 문제라 할 수 있다. 선수들의 자유의사를 존중하면서 그에 맞는 규정을 만들지 못한 감독의 태도가 갈등을 유발했을 수 있다. 분노는 반드시 원인이 있고, 그 원인은 시대의 변화에 따라 달라진다. 선배 말을 듣는 것이 당연하던 시대에서 그렇지 않은 시대로 변화하는 과정에서 나타나는 갈등일 수도 있다. 현대 축구는 이강인처럼 개성이 강한 선수도 필요할지 모른다.

사람들은 자신의 분노가 주관적인지 인지하지 못한다. 이 사건이 세련되게 해결되려면 선수 한 사람 한 사람의 주관적 분노가 객관적으로 이해되는 과정이 필요하다. 세세한 부분에서는 잘잘못을 논할 수 있지만, 사건 개요만으로 판단하는 마녀사냥은 현명하지 못하다. 점점 더 새로운 가치관을 가진 세대의 주관적 분노가 출현할 것이며 사회는 이를 대비해야 한다.

건강한 분노가 바르게 사용되는 사회

분노는 이처럼 현대 사회의 거의 모든 분야에서 작동되고 있다. 정치, 스포츠, 게임 산업, 문학과 종교 등 모든 영역에서 절대적으로 중요한 위치를 점하고 있다. 하지만 우리는 분노를 '잘못된 것' 혹은 '조절의 대상'으로 그 가치를 격하시키고 있다. 분노가 궁극적으로는 우리의 생존을 전적으로 책임지고 있는데도 말이다. 국가 간 전쟁을 보자. 전쟁의 주요 원인도 분노이고, 그 전쟁을 버티거나 이기는 힘 역시 분노에서 나온다. 적이 쳐들어온다면 분노가 우리를 지킬 수 있는 가장 강력한 무기가 된다. 반면 분노가 작동되지 않으면 국민은 자유를 지킬 수 없다.

공적 분노는 정부의 잘못된 정책, 문제 집단, 솔직하지 못한 정치를 향한다. 공적 분노가 제대로 작동되어야 정치를 살리고, 잘못된 관행을 없애고, 국민을 불편하게 하는 제도를 교정할 수 있다. 사회생활과 부부 관계에서도 정당한 대우를 받기 위해, 상대 잘못을 교정하기 위해서도 작동된다. 싸우기 위함이 목적이 아니다. 정당한 대우와 잘못의 교정은 서로를 행복하게 한다. 분노가 잘못된 관계를 교정하여 성숙한 사랑과 존중을 선사하는 역할을 하는 것이다.

한편 분노는 일상생활의 활력과 경쟁의 거름이 되고, 재미와 산업의 수단도 된다. 우리 삶에 긍정적인 결과를 이끌려면 분노를 더 과학적으로 분석할 필요가 있다.

마지막으로 이 책이 분노 때문에 고통을 겪거나 자신의 분노를 조절하지 못해 힘들어하는 사람들에게 도움이 되길 바란다. 갈등 상황에 놓인 연인과 부부에게 희망을 주고, 그 외 많은 영역의 사회 발전에 건강한 분노가 기여할 수 있기를 바란다.

보통의 분노

초판 1쇄 발행 2024년 10월 10일
초판 2쇄 발행 2024년 12월 2일

지은이 김병후
펴낸이 이범상
펴낸곳 (주)비전비엔피 · 애플북스

책임편집 김혜경
기획편집 차재호 김승희 한윤지 박성아 신은정
디자인 김혜림 이민선
마케팅 이성호 이병준 문세희
전자책 김성화 김희정 안상희 김낙기
관리 이다정

주소 우)04034 서울시 마포구 잔다리로7길 12 (서교동)
전화 02)338-2411 | **팩스** 02)338-2413
홈페이지 www.visionbp.co.kr
인스타그램 www.instagram.com/visionbnp
포스트 post.naver.com/visioncorea
이메일 visioncorea@naver.com
원고투고 editor@visionbp.co.kr

등록번호 제313-2007-000012호

ISBN 979-11-92641-46-1 03180

· 이 책의 본문은 '을유1945' 서체를 사용했습니다.